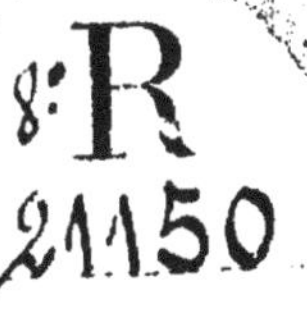

LE LION

Synthèse et Analyse

par

LE COMTE ALEXANDRE DE SCEY-MONTBÉLIARD

BESANÇON
LA SOLIDARITÉ, IMPRIMERIE COOPÉRATIVE
6 et 8, Rue Gambetta, 6 et 8

1906

PRIX : UN FRANC

PREMIER CAHIER

LE LION

Synthèse et Analyse

PAR

Le Comte Alexandre de SCEY-MONTBÉLIARD

BESANÇON

LA SOLIDARITÉ, IMPRIMERIE COOPÉRATIVE

6 et 8, Rue Gambetta, 6 et 8

—

1906

INTRODUCTION

Présentons-nous au public une œuvre philosophique, élaborée d'après les méthodes rationalistes issues du fameux livre Kantien, la *Critique de la Raison pure*, et des autres livres subséquents de la philosophie contemporaine, autrement dit, présentons-nous une synthèse rationaliste ou bien une œuvre dogmatique religieuse, une Révélation nouvelle, laquelle, suivant le développement ultérieur de son crédit, deviendrait une base de Religion nouvelle.

Nous abandonnons le soin de la réponse et de cette détermination à l'appréciation des lecteurs, refusant de faire nous-même une déclaration catégorique à ce sujet, car ce serait proprement tomber en contradiction, nuire à l'épreuve tentée vis-à-vis de la conscience publique, se trahir et se priver *a priori* des résultats de la méthode philosophique.

En effet, si nous déclarions offrir une synthèse purement philosophique, nous aurions renoncé à obtenir du public la sanction de l'avoir illusionné et de lui avoir ravi sa foi religieuse, par suite nous ferions l'aveu que la philosophie est inférieure à la Religion, conquérante avérée des consciences ; si nous déclarions, au contraire, offrir une Révélation Nouvelle, aussitôt nous serions en contradiction avec les principes rationalistes actuels, qui affirment avoir le pouvoir de dissoudre toute religion par l'analyse.

Il reste donc clair et bien entendu que nous nous abstenons absolument, et pour cause, de donner une définition au *Lion. Synthèse ou Révélation?* Le public jugera et prononcera.

Car la méthode philosophique ouvre deux voies à la pensée libre pour la production de ses travaux : la synthèse et l'analyse.

Parmi tant d'écrivains qui se sont engagés dans l'une et dans l'autre, Renan, un des plus célèbres, dont les œuvres ont suscité tant d'agitation et de discussions dans l'opinion publique universelle, a appliqué sa force d'analyse rationnelle à la vie de Jésus-Christ. On l'a accusé d'avoir falsifié l'histoire. A tort. Il ne pouvait pas falsifier l'histoire, puisqu'il ne faisait pas une histoire : il se contentait de passer au crible de la critique rationnelle, la vie évangélique de Jésus-Christ, de retirer le caractère historique à tout ce que son analyse lui montrait dans la vie de Jésus lue dans les Evangiles, ne pas le mériter. L'histoire et l'exégèse religieuses ont usé de leur droit de réponse et entrepris victorieusement la justification de leur vérité. L'analyse de Renan aboutit à une démolition. Le mysticisme chrétien disparaît totalement. Jésus-Christ n'est pas Dieu; Jésus-Christ est un grand homme illuminé; la Religion chrétienne est une légende, issue de l'enthousiasme populaire, non contenu dans les justes limites de la raison, enfin le produit naturel de l'emballement de l'esprit et du cœur. Telles sont les conclusions analytiques de l'académicien philosophe.

Mais si l'analyse critique rationnelle a pouvoir méthodique, reconnu et professé publiquement, de démolir les croyances religieuses, la synthèse rationnelle a logiquement le même pouvoir de les créer. Car, pour la philosophie, toutes les religions ne sont que des synthèses philosophiques, devenues incapables à ce jour de supporter l'analyse et la critique. En conséquence de cette prétention, la philosophie possède donc virtuellement le type idéal de la synthèse religieuse parfaite, qui conciliera le dogme et la raison.

A l'encontre de l'analyse dissolvante de Renan, à l'apparence d'une synthèse rationaliste, nous publions un livre *(Le Lion)*, où Jésus-Christ est montré comme un grand saint, un vrai et authentique thaumaturge mystique, uni réellement à la Vie Infinie de la Divinité, mêlé à une immense société céleste, qui se recrute dans toute la race humaine, répandue dans l'univers et dans tous les cultes. Comme conséquence, le christianisme devient seulement une fondation pieuse, propriété particulière de ce grand saint, chef légitime d'une clientèle spirituelle, une dévotion importante et particulière au sein de la Religion Universelle de l'Adoration Divine. Dans ce cadre immense, on doit l'envisager, comme le catholicisme, lui-même, dans son domaine particulier, envisage la dévotion à Saint François d'Assise, ou à Sainte Catherine de Sienne, ou à d'autres Personnages sanctifiés.

Si nous réussissons dans notre entreprise, nous aurons expliqué, d'accord avec les progressistes, pourquoi une œuvre religieuse particulière, la chrétienne, ne produisant qu'une clientèle spirituelle nominale, en faveur de son auteur, ne suffit plus pour les temps troublés et éclairés que nous traversons. Certainement le christianisme a développé étonnamment le domaine de la vie humai

le monde, mais les travaux du génie humain naturel dans toutes les voies, y compris la sainteté, viennent maintenant buter partout le ciel chrétien, et font effort pour rompre et traverser cette enveloppe ternie et usée et se répandre dans une sphère nouvelle, plus profonde. On entend des craquements, et on voit des déchirures de toutes parts.

Déjà, il est très permis de voir un effort et une tentative de rupture de ce genre dans les pensées si célèbres de Pascal. Elles forment un assemblage de matériaux intellectuels pour la construction d'une synthèse philosophique religieuse. On y trouve un certain nombre de principes généraux, qui tendent par dilatation, à s'évader au delà du christianisme. Mais leur incohérence et leur dissémination, autant que leur profondeur, sont telles, qu'il est impossible de deviner la trame, qui pourrait unir tous ces brillants écheveaux. On ne peut faire moins cependant que d'accorder, à la juste renommée du profond génie de Pascal, le bénéfice de l'établissement problable d'une synthèse, élargissant le domaine de l'esprit et de la conscience humaine. Quel intéressant travail, susceptible de bien des solutions, de faire passer dans cet intelligent labyrinthe des pensées, un fil d'Ariane.

Et combien de variétés d'essais synthétiques ne pourrait-on pas citer! Pour ne pas remonter jusqu'à la *Divine Comédie* du Dante, d'ailleurs inimitable, rappelons qu'en 1854 M. Jean Reynaud a publié une synthèse mystique magnifique, et l'accueil très favorable, obtenu par ce bel ouvrage, nous encourage grandement.

Enfin, encore plus près de nous, Victor Hugo a donné *Religion et Religions*, une synthèse philosophique et épopée poétique, où Dieu est reconnu réellement existant, mais exempt de toute manifestation extérieure mystique et religieuse. Donc, selon Hugo, la lumière de la raison est suffisante pour la vie pratique, puisqu'elle nous a été donnée par Dieu, et suffisante aussi pour nous faire atteindre nos destinées futures. Le poème (*Religion et Religions*) est la véritable exposition de la doctrine franc-maçonnique. Pour Hugo, Dieu existe, vérité théorique, mais nous existons et nous déterminons nous-mêmes nos destinées futures, vérité pratique. Faudrait-il donc voir dans le poème d'Hugo la manifestation de cet idéal synthétique de la philosophie, conciliateur parfait du dogme et de la raison ! Nous répondons. Non.

D'autre part, on est en droit d'être très frappé d'émotion, des entreprises de plus en plus audacieusement pratiques, du parti rationaliste matérialiste, dont on entend déjà les cris de triomphe et de victoire. Ils sonnent à nos oreilles comme l'annonce de la défaite irrémédiable du parti de la Foi Religieuse et de l'Idéalisme. La disparition de celui-ci serait le commencement de la décadence de la société et de la patrie, car il est nécessaire comme contrepoids aux appétits matériels, nécessaire pour la permanence et la continuation des destinées glorieuses de la nation française.

Nous avons donc considéré comme un devoir urgent d'apporter le concours de notre faible labeur au travail général de résistance et de revendication religieuse et idéaliste, sans faire retour timide en arrière sur notre pauvre valeur, pour faire reculer les attaques de nos adversaires; pour passer une revue publique et universelle de nos forces spirituelles, dont Jésus-Christ n'est pas la limite de puissance. Nous le prouverons.

Les partisans de l'Idéalisme et de la Foi Religieuse pourront alors avec nous contempler dans leur ensemble les ressources dont nous disposons, et qui, si on nous obligeait à les jeter au complet dans la mêlée, seraient capables de vaincre nos adversaires, et d'amener la faillite, déjà prédite, de la science rationaliste et matérialiste.

Voilà pourquoi nous assumons la mission d'annoncer et de révéler que le mysticisme chrétien fixé par cette parole de Jésus-Christ « mon royaume n'est pas de ce monde » n'est pas la limite du mysticisme universel, qu'il n'en est qu'un cas particulier caractérisé par l'Agneau Divin, tandis que le mysticisme universel ayant pris son essor au-dessus du type du mouton, se manifeste déjà maintenant dans le type royal du Lion Divin, et caractérise son rôle par cette formule nouvelle : « *Mon royaume est de tous les mondes, y compris celui de la nature terrestre.* »

Or, créer dans ce but une œuvre religieuse, c'est intéresser la curiosité publique, c'est amener les esprits à se poser la question : « *Est-ce vrai?* » C'est les maintenir en suspens sur la réponse et les contraindre tout au moins à dire : « *Oui, c'est possible, c'est croyable* ». Les lecteurs doivent se sentir en présence du mystère, avec absence de la contradiction et de l'antinomie irrationnelle : ils conservent toute faculté d'examiner patiemment, si brille devant leurs regards la Révélation Divine, ou si dans leur esprit s'insinue la spéculation philosophique. Car la Foi Religieuse vraie et méritoire ne peut résulter que de l'exercice de la réflexion et de la liberté.

C'est encore avoir séduit toutes les puissances mystérieuses, surnaturelles et extranaturelles, celles qui possèdent les secrets inviolés de la vie, situés hors de l'atteinte des sciences positives, et par la prière leur faire adopter authentiquement ce nouvel instrument d'influence religieuse et idéaliste, afin d'avoir leur appui et leur intervention de grâce persuasive, lorsque les lecteurs en sont arrivés à ce moment critique d'hésitation dans le jugement et le sentiment, qui précède l'explosion de la Foi. D'ailleurs sans elles pourrait-on écrire des choses mystérieuses. Nous les prions donc publiquement de faire cette adoption, et pour préciser, et imiter tant d'auteurs illustres, qui se sont placés sous le patronage des dames de leurs pensées, nous déclarons présentement et pour l'avenir, nous soumettre à la discipline des inspirations divines de Madame Philomène Bertho, la stigmatisée de Binic en Bretagne, représentant éminent du mysticisme actuel, avec laquelle nous avons eu de longues et intimes relations.

Pour remplir ce difficile programme synthèse philosophique ou Révélation divine, on est forcé de prendre la figure d'un sphinx, et nous en ornons les frontispices de ce livre.

Enfin, fort maintenant de l'affection de notre dame, nous affronterons les hostilités : n'avons-nous pas toujours reconnu le son de notre faible voix, au milieu du bruissement des eaux, en présence des nombreuses cascades du Jura, lorsqu'elles se précipitaient en mugissant, et se fracassaient en s'effondrant ? Et pas davantage le geste habituel et multiplié de la pointe des sapins commandant au firmament d'éteindre ses feux, au nom de la mort et de la nuit, qui montent de la terre, avec leurs trois doigts noirs, ne nous intimidera.

LE LION

PRÉLIMINAIRES

I

Agiter les grandes questions et les grands problèmes, liés les uns aux autres, de la Religion et de la philosophie, donner le spectacle de la Vie Infinie qui les traite et les résout, embrasser, dans des tableaux, dans des théories, la terre entière et l'univers, et l'histoire générale de l'humanité, entraîner la pensée des lecteurs sur les hauteurs sublimes, et l'y laisser, sont causes de fatigues insupportables pour tous. La pensée rapidement s'évanouit dans l'azur du firmament, et le résultat pratique est manqué. Et cependant puisqu'il s'agit de montrer, réellement existante, la Religion Universelle d'Adoration, renfermant dans son sein le judaïsme, le christianisme, le panthéisme, le fatalisme, et toutes les autres dévotions actuelles, et les dominant, comment résister à l'attraction absorbante de l'Infini, et se protéger.

Assurément l'astronomie est une science sublime, mais son objet est tellement disproportionné avec la taille de l'être humain, que, n'en déplaise au savant et sympathique vulgarisateur M. Flammarion, on ne peut en permanence appliquer sa pensée à l'amplitude variée des mouvements immenses des astres, à leurs distances réciproques, à leur masse, sans perdre à la fin la notion de la vie réelle et pratique. Des confidences même et des aveux d'astronomes, employés secondaires dans les observatoires, témoignent de l'extrême fatigue causée par le service de l'étude des astres, et que parmi eux les victimes annuelles sont nombreuses, vaincues de l'Infini.

Combien plus pénible encore le fardeau de la contemplation de l'Infini vivant.

Victor Hugo est tombé dans ce gouffre tentateur, et n'y a trouvé souvent que la divagation. Lire et étudier ses œuvres philosophiques, équivant à peu près à faire de l'astronomie, avec beaucoup de science positive en moins. Ce grand poète a conçu dans ses imaginations gigantesques et monstrueuses un type de Mage, placé au-dessus du prêtre, et dont le métier est l'étude et le service de l'Infini naturel de la pensée et de la nature trônant où, sans doute dans les arcanes des loges maçonniques.

Ce piège séducteur a été ici évité Nous avons profité des leçons que nous donnent les dévotions particulières. Car les Asiatiques, au lieu de se perdre dans l'admiration permanente et disproportionnée de l'Univers Panthéiste, se contentent bien de la contemplation adorative de leurs statues Divines, et les chrétiens, eux, du Saint-Sacrement Eucharistique, aux dimensions restreintes.

D'autre part, pratiquer l'humilité kantienne et hégélienne, opposer le néant de l'homme à l'être Infini annihile tout projet de donner une juste valeur aux relations de l'homme et de Dieu.

Donc des repères concrets de dimensions raisonnables nous sont nécessaires, choisis à égale distance de l'Infini et du néant, proportionnés à la taille humaine, par suite choisis dans les œuvres de l'humanité. Autour d'eux et à leur occasion, se dérouleront toutes les doctrines, toutes les théories, et toutes les révélations, exposées dans ce livre. Nous serons ainsi garantis contre l'absorption de l'Infini et contre l'anéantissement.

Le Sacré-Cœur de Montmartre et le Panthéon nous conviennent comme repères et sauvegarde de notre bon sens humain.

Ces deux monuments splendides occupent dans le monde de la matière et de l'idéal, dans celui des préoccupations politiques et religieuses une place, qui nous suffit.

Toutes les religions ont eu des prêtres : quelle que soit votre religion, ô prêtres, et vous, fidèles de tous les cultes, et vous philosophes de toutes les écoles, entre dissertations au sujet de deux sanctuaires français, ou Ecritures ici présentement et divinement révélées, votre conscience libre choisira.

L'Eglise du Sacré-Cœur de Montmartre a une origine doublement fameuse, d'abord dans les circonstances et les motifs émouvants de son érection, et ensuite dans le développement de la célèbre dévotion mystique, à laquelle ce sanctuaire est spécialement consacré. Il est l'expression matérielle et officielle des vœux, des regrets, et des prières de la France chrétienne, éprouvée profondément par les horreurs d'une guerre cruelle et néfaste, accompagnée d'une invasion dévastatrice. Quel sinistre accouplement, en effet que celui des années 1870 et 1871, et pendant ce laps de temps, quel amoncellement de terribles désastres pour la patrie française! Enumérons brièvement, et nous ne serons pas étonnés qu'un tel cataclysme ait pu éveiller dans l'âme populaire, le sentiment qu'une transformation mystérieuse allait se produire dans la société humaine, même dans la nature universelle, et qu'il fallait recourir au secours divin. A quel enfantement politique ou religieux allait-on assister ? Des nouveautés mystérieuses étaient pressenties !

D'abord les sanglantes et indécises batailles de Reischoffen, de Forbach, de Borny, de Rezonville et de Saint-Privat, puis l'investissement dans Metz de la principale armée française; ensuite une seconde grande armée battue à Sedan et faite prisonnière toute entière avec l'empereur Napoléon III, lui-même, désastre qui amène l'écroulement du second empire napoléonien, puis sur toutes ces ruines militaires et morales, manifestement irréparables pour le gouvernement déchu, s'installe la République, aurore des temps nouveaux. La France, violemment secouée par la colère du patriotisme, organise une défense énergique avec de nouvelles armées, tandis que celle de Metz, succombant sous l'inactivité fatale, sous la privation des vivres, des munitions, et aussi sous la trahison, est emmenée prisonnière en Allemagne, derrière la malheureuse armée de Sedan. Ensuite, après un siège héroïque, signalé par de nombreuses et sanglantes luttes, tous les vivres épuisés et la famine déclarée, Paris capitule à son tour, et subit l'entrée des soldats allemands, dans ses rues, sur ses places, et dans ses monuments. Alors la France vaincue apprend avec stupeur, qu'au château de Versailles, le roi de Prusse Guillaume est proclamé empereur d'Allemagne, laissant ainsi en suspens pour l'avenir la menace de s'approprier la couronne tombée de Louis XIV, et d'aspirer à celle de Charlemagne, par conséquent au titre et au rôle d'empereur romain de tout l'Occident. Malgré quelques succès précieux, remportés par les armées de province, organisées et dirigées par le patriote ministre Gambetta, armées qui se sont dissoutes exténuées par le froid, les maladies et les marches continuelles dans les neiges et les boues de l'hiver; malgré la belle défense de plusieurs places fortes, la France doit se résigner à conclure une paix dure et funeste, au prix de deux provinces-frontière, l'Alsace et la Loraine, et de cinq milliards de sa fortune. Enfin, une troisième armée, sur laquelle on fondait les plus belles espérances, d'abord favorisée de la fortune des armes, est obligée ensuite de se retirer devant les Prussiens [illegible] la poussent en Suisse, où elle est retenue prisonnière. Après avoir été fait prisonnier à Metz, nous avons fait partie comme lieutenant d'artillerie de cette armée malheureuse, dernière et suprême espérance. Et ce n'est pas tout! Le comble du malheur est atteint! La guerre civile éclate, la guerre fraticide de la Commune de Paris. Elle a trouvé des excuses valables dans l'excès des malheurs publics, et dans le dépit du patriotisme humilié. Paris était irrité de l'insuffisance du commandement dans l'emploi des moyens de défense de la Capitale, et révolté, malgré tant de constance héroïque et de sacrifices, de la médiocrité des résultats obtenus. Il veut d'autres sources d'autorité, et il s'attribue le droit de s'en procurer à l'instar du gouvernement provisoire républicain de l'Hôtel-de-Ville. La Commune sème les ruines, les meurtres, les incendies dans toute la Capitale épouvantée, et menacée de destruction totale. Oh! Pendant le cours de ces deux néfastes années, que de torrents de sang français versés, quelle moisson de cadavres français par le métal et par la maladie; que de ruines; que de pertes matérielles et d'argent! Quel horrible héritage pour le nouveau gouvernement de la France! Vraiment, en toute justice, les ressources naturelles dans la vie et dans la matière étant épuisées, la nation vaincue, si elle avait une croyance religieuse, devait logiquement alors s'en souvenir et lui, rendre témoignage, en s'adressant à la Puissance Divine et aux moyens surnaturels. Or la nation française, dans son immense majorité, pratiquait la Foi catholique et chrétienne depuis le règne de Clovis, sauf un court divorce au moment de la Révolution. Elle était donc bien dans son droit et dans son rôle d'élever un temple expiatoire et de propitiation à la dévotion suprême du catholicisme et de réclamer et d'obtenir le concours des chambres parlementaires et du gouvernement : ce qui arriva.

Que cette supplication de Foi chrétienne ait été bien accueillie dans le monde divin, c'est indiscutable; la France redeviendra puissante et glorieuse par le secours divin ; mais nous sommes certains aussi qu'elle a été reçue dans une sphère de Foi religieuse supérieure au christianisme, où s'élabore l'adaptation des événements politiques et sociaux aux événements religieux, où se prépare l'enfantement attendu par presque tous, cependant il est vrai dans des sens divers et opposés, d'un progrès dans la Révélation et dans la Religion.

Là, cette supplique de Montmartre a été enregistrée, ce qui n'empêche pas son accueil dans l'empyrée secondaire du christianisme.

Dans cette conception et cette réalité mystique, réside précisément le mystère nouveau, qui oppressait les âmes françaises, à la sortie du bain sanglant de la guerre. Au milieu de ces transes mortelles s'est accompli dans la Vie Divine le progrès mystique qui a élevé, hors de la virtualité divine et par la justice, la puissance d'action de Dieu dans le monde, du type du mouton, résultat obtenu par les mérites et la justice de Jésus-Christ, au type du Lion, par des mérites de justice avec des personnage nouveaux.

Avec le type du mouton, l'action divine ne pouvait pas

faire sentir son influence supérieure, avec le type du lion, le mysticisme demandera et obtiendra sa part dans le gouvernement politique et social. A la vérité, ainsi est exposé le premier mystère de nos Révélations.

L'installation de la République en France n'était donc pas le critérium final de la transformation multiple opérée dans ces temps troublés, et si les partisans rationalistes, philosophes positivistes ou matérialistes insistent pour présenter la République comme l'aurore des temps nouveaux, et à leur disposition, nous sommes documenté, par l'inspiration, pour répondre : La République ne tire de l'aurore divine du progrès mystique qu'une brillante parure, parce que sa naissance fatale coïncide avec les premiers rayonnements du soleil mystique et religieux, complet et royal. Que l'on s'abstienne donc dans les écoles philosophiques de confondre l'effet avec la cause, la coïncidence fatale avec l'identification.

Mais cette parure légitime, la conservera-t-elle ? Car la République, respectueuse, au début, de la vie religieuse, dérive bientôt et progressivement vers la persécution religieuse, et vers les affirmations officielles et rationalistes, positivistes et même matérialistes. Elle regimbe contre le fardeau de la neutralité. De lumineuse qu'elle était, elle s'enfonce dans l'ombre et devient obscure.

Replacer le christianisme à son rang normal, lui intimer l'ordre de se conformer à la formule de son Fondateur « *Mon royaume n'est pas de ce monde* », lui supprimer par la séparation l'influence gouvernementale, c'est se maintenir dans les limites de la justice divine, et accéder, par prévision, à l'avenir qu'illuminera le soleil de l'Adoration Universelle. En conservant cet équilibre dans la neutralité, la République pourra continuer à orner le front de son effigie d'une étoile brillante, et ses destinées resteront inscrites au fond des cieux, où nous, simple citoyen, nous les contemplons et les saluons.

L'Eglise l'avait bien remarquée aussi cette étoile, qui scintille au front de la troisième République française. Elle a innocenté publiquement la République actuelle des persécutions, des tyrannies, des crimes, pires que ceux de Néron, qui souillèrent la première. Les générations actuelles ne pouvaient plus être rendues responsables des actes des premiers révolutionnaires, de terribles expiations avaient eu lieu dans le cours des années, et d'autre part les générations, en se succédant, avaient pris petit à petit, et avec une grande modération et longanimité, l'habitude de disposer de la souveraineté nationale et de l'exercer; petit à petit elles avaient pris des mœurs et des convictions républicaines et démocratiques. On ne pouvait plus songer à restaurer l'autocratie et les privilèges, puisque la vie intégrale et inconsciente, morale et matérielle, de toute la population française, n'était autre que la vie républicaine. C'eût été violer la nature. Aussi le grand pape Léon XIII a déclaré publiquement que la conscience des Français catholiques pouvait se tranquilliser et se rallier en toute confiance à la forme républicaine, car tous, conscients ou inconscients, dans l'intime et dans la pratique, ils étaient tous républicains, et tout à fait irresponsables de cet état de choses. L'éclat de la parure de la République, qui lui venait du soleil mystique à son aurore, avait séduit le pape et l'Eglise, et obtenu une absolution générale pour le passé, et une légitimation de la forme du nouveau régime pour l'avenir, comme cela eut lieu aux différentes époques des changements fatals de dynasties.

Donc nous avertissons la République et la supplions de ne pas laisser pâlir l'auréole, qui l'entoure et que nous saluons encore. Parce qu'elle a remporté un succès sur le christianisme, par la séparation des Eglises et de l'Etat, sur le judaïsme par la séparation de la synagogue et de l'Etat, qu'elle prenne bien garde de conclure qu'elle a remporté une victoire sur le mysticisme supérieur universel, et qu'elle peut se consacrer en toute sécurité à la prédominance du rationalisme positif et matérialiste. Tandis qu'elle écouterait, en ricanant, bêler l'Agneau Divin, elle verrait se dresser formidable devant elle le Lion mystique, dont le type divin a pris naissance au milieu de ces fameux événements, et auquel il est de notre devoir de rendre un éclatant et public témoignage.

Le souci et la méditation des magnifiques traditions historiques de la nation française, cause et base de son prestige au dehors, cause et base de la dignité et des sacrifices des citoyens, ne suffiraient-ils pas pour maintenir le gouvernement dans l'idéalisme religieux, envisagé comme progressif, ainsi que nous le décrivons par inspiration, tout en travaillant au progrès matériel. Car les traditions générales et particulières ne sont plus des privilèges dans notre démocratie. Les deux progrès doivent s'allier et se donner la main.

Enfin si la hantise du rationalisme matérialiste devait prédominer dans les régions gouvernementales, et que son obscurité vint à monter dans les airs et à envahir le firmament, nous demeurerions sans crainte. Que de fois n'avons-nous pas circulé dans les vallées jurassiques, et considéré les murailles noires de sapins, couronnant orgueilleusement les côtes et les arêtes, menaçant d'absorber le ciel et la lumière, et admiré l'inanité de ces entreprises de la nuit végétale dans le libre sourire du ciel bleu et clair à la verdure des prairies d'un éclat maternel et plus tendre encore. Et puis, nous le répétons, nous sommes maintenant défendus par le Lion : gare aux griffes et aux dents ; gare à la force royale de la nature, unie à la plus fine ruse du renard.

Mieux eût valu alors pour la philosophie de s'accommoder avec l'Agneau.

Donc un concours entre les architectes fut ouvert, et le projet de M. Abadie adopté, et mis à exécution. Des sommes considérables sont dépensées à l'érection du Sacré-Cœur de Montmartre, généralement recueillies par souscriptions volontaires, et aumônes universelles. Le monument achevé coûtera plus de quarante millions, presqu'autant que l'Opéra, autant qu'un vaisseau cuirassé. Par sa situation, il domine Paris, et lorsque son campanile et ses dômes dorés et argentés brilleront au soleil, jusqu'à l'horizon, ils annonceront aux passants la gloire de la France en même temps que sa piété ! Les pèlerins, les touristes et les promeneurs, qui montent sur la sainte montagne de Montmartre, pour admirer Paris, étendu avec tous ses monuments à leurs pieds, rêver ou prier, sont aussitôt avertis, et préservés des fumées enivrantes de l'orgueil mondain et des éblouissements du pinacle, par la présence d'un temple nouveau, où l'on peut adorer, suivant le rite catholique. Celui de qui dépendent les destinées des nations et des individus, les honneurs et les richesses, la gloire et la prospérité des cités, étant le maître de l'espace et des existences, de l'esprit et de la matière.

Dans son aspect général, par le style roman de son architecture, ce magnifique monument fait penser à une immense crypte à deux étages, presqu'à un sépulcre, mémorial vague, peut-être symbolique, de celui de Jérusalem. Qui donc a eu la pensée de faire un ensevelissement au Sacré-Cœur de Jésus-Christ ?

Parmi tant et d'admirables cérémonies, déjà célébrées sous ses jeunes voûtes, il en fut une, la plus importante, qui était annoncée depuis longtemps, depuis les années de la bienheureuse et illustre Marguerite-Marie Alacocque, cette sainte aimable, si digne de représenter dans l'humanité et de concréter le symbole mystique et charmant de l'humble marguerite-pâquerette des prairies : « *D'un cœur d'or, sortent les rayons purs* ». Cette cérémonie, annoncée par elle, devait être le couronnement mystique du christianisme, l'aurore du règne mondial et effectif de l'Eglise catholique. Cette espérance avait d'ailleurs été répandue, prêchée, et entretenue, elle couvait dans les cœurs pieux, elle avait eu tout récemment ses organes dans l'apparition de certains écrits prophétiques, apparentés à la célèbre Apocalypse de l'apôtre Saint Jean, entr'autres le grand pape et le grand roi. Et cette cérémonie extraordinaire fut la consécration solennelle et universelle du monde entier au Sacré-Cœur de Jésus-Christ, célébrée le même jour dans toutes les Eglises et Chapelles, le 9 juin 1899, par ordre du pape Léon XIII. Les temps étaient donc accomplis, les visions et les vœux ardents de la bienheureuse Marguerite-Marie, ainsi que ses écrits, avaient conduit l'Eglise catholique au but mystique, qu'elle s'était proposé. Les fidèles attendent maintenant et avec confiance la réalisation pratique et matérielle de cette prise de possession rituelle, qui clôt le XIXe siècle, en sorte que le XXe siècle s'ouvre tout armé, spirituellement pour les œuvres du bras séculier, et pour le règne terrestre. Déjà le drapeau du Sacré-Cœur a flotté glorieusement, mais dans la défaite, sur les champs de bataille de Patay, dans les pélerinages et les processions, mais pour être interdit à la fin par le pouvoir civil républicain, et devenir l'objet de ses poursuites judiciaires.

La République se refuserait donc à remplir ce rôle du bras séculier pour l'établissement du règne du Sacré-

Cœur. Les persécutions du gouvernement républicain contre la Religion, malgré le ralliement prôné par Léon XIII, soulèvent un doute cruel dans les consciences catholiques françaises. Et nous, qui avons étudié la nouvelle lumière, qui se reflète glorieusement sur la face de la jeune République, nous écrivons : la troisième République française, quoique absoute et légitimée, ne sera pas le bras séculier de la gloire mystique et particulière du Sacré-Cœur de Jésus Christ. Nous y avons reconnu des lueurs de la Justice Divine, et nous y avons lu cette décision, qui limite la puissance de Jésus-Christ : « *Son royaume n'est pas de ce monde : Ses serviteurs ne sont pas plus grands que leur maître.* »

Si, il est grandement glorieux pour la République d'être un instrument de justice divine vis-à vis des prétentions injustifiées du christianisme à la domination universelle; elle ne pourra conserver cette gloire que si elle se rattache logiquement au progrès du mysticisme divin, au Soleil de l'Adoration Universelle, régulateur et dominateur de toutes les dévotions religieuses actuellement existantes. De notre côté, nous sommes aussi un instrument, quoique indigne, employé par Dieu, pour montrer à la République les voies nouvelles, idéalistes et religieuses, où elle doit courageusement s'engager avec confiance. Mais, peu de temps avant cette fameuse solennité historique, le 16 mai 1899, avait été achevé et signé un manuscrit, la première ébauche de ce présent ouvrage *(Le Lion)*, qui s'inscrivait par avance en faux et en protestation, contre le caractère universel des actes liturgiques précédents, et prenait, lui aussi, et en avance, malgré sa petitesse et son obscurité, possession du temps, de l'espace et de la comparaison au nom de l'Adoration unifiée et universelle.

Fatalement ce manuscrit apparaissait bien à son heure.

Le culte de l'Agneau Immolé, reposant sur l'Apocalypse, recevait donc, par anticipation, cette réponse divine à sa proclamation de domination universelle: qu'il devait y avoir place dans le monde pour d'autres Immolations et pour d'autres Adorations, celles-ci variées, surtout supérieures, comme se rapportant à d'autres types, d'êtres de la nature, au Lion, par exemple. Il apprenait expressément qu'une ère nouvelle était commencée pour les progrès de l'Adoration mystique vers sa forme complète. Il apprenait que l'intuition humaine, sous l'inspiration divine, l'avait pénétré; que l'adoration dans les types divins du mouton et de la colombe, ne comporte que les attributs divins de l'existence et de l'espace, sous aucune autre manifestation extérieure et miraculeuse, des diverses formes de la Puissance Infinie Vivante, ni d'autres attributs.

Assurément et avec raison, le christianisme opposera les très nombreux miracles de Jesus-Christ et des saints dans la succession des siècles.

Nous répondrons :

Toutes les manifestations surnaturelles dont se glorifie authentiquement le christianisme depuis Jésus-Christ, et jusqu'à nos jours, sont seulement de véritables phénomènes angéliques, des actes, manifestés dans la nature terrestre, de ces êtres dont il est dit dans des dictionnaires positivistes, qu'ils doivent exister pour compléter la chaîne de la nature. Puisqu'on constate de la matière purement inerte; puis des êtres vivants unis physiologiquement à la matière par l'intermédiaire de leurs corps, logiquement doivent exister des êtres, purement spirituels, susceptibles de phénomènes dits surnaturels relativement à nous, puisqu'ils vivent au delà de nos organes. Donc il ne faut pas confondre ces phénomènes angéliques avec les actes de la Substance Divine, Infinie, Vivante et Personnelle.

Et, à la vérité, ainsi, nous avons exposé un mystère nouveau de nos Révélations, et une vérité de Foi Divine.

Les deux seuls attributs de l'existence et de l'espace sont insuffisants pour servir de base à un culte Souverain mais peuvent donner naissance à une dévotion légitime et particulière, la chrétienne, ou à des variétés de celle-là. Car Dieu fait cadeau aux êtres de la nature de leur existence, et de l'espace qu'ils occupent, sans leur demander en retour une adoration de reconnaissance. La conscience intime et aussi les Révélations font connaître, lorsqu'on a accepté l'existence et l'espace comme des bienfaits gratuits, les règles à suivre pour faire un usage légitime de ces dons primordiaux, et la justice divine ne s'exercera plus tard que sur cet usage et sur les choix et l'observation que l'on aura fait de ces règles morales et idéales. Tels sont les principes simples qui constituent la dignité et la responsabilité humaine.

La religion chrétienne ne s'élève pas au-dessus de la signification des deux symboles typiques et divins du mouton et de la colombe, et s'arrête à leur mise en valeur. Le mouton est le symbole surnaturel de l'existence, prédestinée à l'immolation pour le service et l'entretien des autres êtres, la colombe est le symbole de la jouissance de l'espace. En nous conviant dans ses églises et dans ses temples, la Religion chrétienne nous invite à méditer utilement que nous existons et que nous occupons un espace déterminé; puis, en nous présentant pour l'adoration, l'Eucharistie du Dieu-Mouton, et du Dieu-Colombe, elle nous fait constater que Dieu existe aussi, et occupe un espace substantiel et déterminé. Substance et espace sont pris dans la région divine substantielle du type mouton et du type colombe, et sont devenus mystérieusement chair divine. A cette reconnaissance réciproque de la jouissance de l'existence et de l'espace se bornent, dans le christianisme, les relations de Dieu et des hommes, c'est à-dire le culte. Il n'y a rien de plus dans la doctrine chrétienne et dans le mystère eucharistique chrétien. Ce qui est enseigné de plus, est un empiètement injuste sur le mysticisme universel supérieur, et sur son développement futur. Les affirmations vraies, faites par le christianisme, de réalités mystiques, sont donc d'un ordre secondaire et angélique; ceux qui s'y fient opèrent leur salut, en devenant dans l'autre monde, des clients de Jésus-Christ. Car l'illustre thaumaturge a été reçu dans la glorieuse virtualité Divine. Mais bien différente est la valeur du personnage et celle de ses œuvres dans le mysticisme apparent. Celui qui déclarerait l'égalité des valeurs commettrait une grosse erreur. Une dévotion religieuse ainsi restreinte, possède seulement un droit légitime et restreint au respect et à la liberté, nullement à la direction politique et sociale.

Bref, le christianisme est simplement un début religieux. Le mysticisme n'est encore là que dans un gracieux berceau, vagissant et étroitement emprisonné dans des langes.

Tandis que l'Eucharistie-Lion, que nous annonçons ici officiellement, manifestera tous les autres attributs divins, en particulier ceux de la distribution des honneurs et des fortunes; elle exercera les droits d'établir et d'imposer les liens du culte avec la vie sociale et politique. Elle éclatera en miracles admirables, autrement merveilleux que les phénomènes surnaturels angéliques.

L'Eucharistie-Lion assurera l'exercice légitime et manifeste de l'autorité publique, ce que n'a pu faire l'Eucharistie chrétienne du mouton et de la colombe. Car cette dernière ne se reconnaît pas la puissance de la hiérarchisation légitime et manifeste des honneurs et des fortunes sur la terre, elle en a fait abandon officiel, suivant la parole célèbre du fondateur « *mon royaume n'est pas de ce monde.* » L'Eucharistie-Lion règnera dès ce monde.

Voilà le mystère nouveau, voilà le type supérieur divin, que nous avons mission de révéler, type qui assurera le salut des humains sans les transformer en clients d'un unique fondateur, type royal capable, tout en leur conservant leur autonomie personnelle, de les soumettre à un classement général ; et nous avons mission d'annoncer sa très prochaine et très merveilleuse influence dès cette terre et au delà, au ciel et en enfer. Voilà les nouvelles conditions de l'antique lutte entre l'idéalisme et le matérialisme, entre le mysticisme et la philosophie naturelle.

Peut-il y avoir un si noir aveuglement social et ne pas penser que, pendant la marche acharnée de la société vers les progrès de la civilisation intégrale, le mysticisme religieux ne restera pas stationnaire, et ne fera pas les plus grands efforts pour progresser et se développer parallèlement.

Mais enfin comme le mysticisme ne consiste pas seulement dans des théories, nous annonçons que des signes surnaturels et merveilleux accompagneront et sanctionneront les doctrines nouvelles. Nous ne sommes pas embarrassé. Nous ne nous contenterons pas d'écrire, qu'il peut arriver prochainement que la queue mobile des chats dessine le nom de Dieu sans jurer, et que les chiens, devenus plus intelligents, cessent d'aboyer en les avertissant, lorsqu'ils se lancent sur les pigeons : nous prédisons authentiquement par exemple qu'il arrivera prochainement que les triangles, symbole communs des Eglises, des loges et des synagogues, pures figures géométriques neutres et impartiales, deviendront lumineuses et sonores, par la lumière et la musique divines, sans que l'on puisse accuser une maligne intervention de la radiographie et de la radiophonie. Mais, de grâce, que onl observe, dans cette prévision, la condition rituelle de supprimer l'œil placé habituellement au centre du triangle. Qu'il y soit remplacé par le terme algébrique $<\cdot\frac{m}{0}<$ signification de l'Infini, et devant être prononcé à voix basse, ou par le signe $<\infty<$, simulacre également de l'Infini, lequel aura l'avantage de servir de lorgnon pour ceux qui clignoteraient. Ces deux signes doivent être encadrés par les deux crochets de l'inégalité algébrique. Dieu n'a pas d'organes, l'anthropomorphie absolue, folie des Asiatiques, est une absurdité, Dieu est purement substantiel, et sa substance a toutes les puissances organiques. Laissons donc cet œil malencontreux à la disposition des adeptes de Fourier, ce brave philosophe, qui rêvait pour son homme futur, arrivé au terme de son évolution, une queue munie d'un œil au bout.

Si la République cesse de vaciller sous le fardeau de la neutralité religieuse, en penchant ostensiblement son axe vers le naturalisme; si elle se contente seulement d'osciller; si, éclairée par les Révélations nouvelles, elle consent à ne voir dans l'abaissement du christianisme que le dégagement du mysticisme supérieur vers sa forme unitaire et universelle, événement où elle aura joué le rôle glorieux d'instrument divin, nous sommes autorisés à lui annoncer et à lui promettre comme première récompense, ces manifestations triangulaires surnaturelles et divines, qui combleront de joie les religions juive et chrétienne, ainsi que la philosophie naturelle.

II

Le Panthéon est un monument dont l'histoire a passé par des tribulations singulières : tantôt l'église Sainte-

Geneviève pour la célébration des offices catholiques, tantôt Panthéon employé à la conservation des restes mortels d'un certain nombre de grands hommes, en particulier du Président Carnot, assassiné à Lyon, martyr de la République. Il est également situé sur une hauteur, sur la rive gauche de la Seine, au milieu de la jeunesse des écoles. Ce temple funéraire est bien loin de rappeler la mort à la pensée. Son style gréco-romain, apparenté au soleil, sa riche disposition architecturale, sa magnifique décoration, ses nombreuses fresques, œuvres de peintres français célèbres, se prêtent au contraire merveilleusement aux idées de l'épanouissement de la vie et de la gloire présentes, et à la célébration des triomphes. Il semble donc logique, au point de vue de l'architecte et de l'artiste, que la destination des deux monuments a été inversée; que l'emploi et les cérémonies du Sacré-Cœur de Montmartre devraient être localisés au Panthéon, et inversement les funèbres vestiges et les commémorations mortuaires du second, être situés dans le premier. Pourquoi avoir enseveli dans la crypte de Montmartre la gloire future du Sacré-Cœur, et avoir renfermé dans la gloire du Panthéon les cendres éteintes de quelques français fameux? Le mysticisme chrétien a donc commis une erreur, mais alors la philosophie naturaliste en a commis une pareille! Nous nous sentons sous le pressentiment qu'un jour, il y aura échange d'emploi entre les deux monuments.

La politique a désaffecté l'église Sainte-Geneviève, la politique menace le Sacré-Cœur de Montmartre. Le ministère Combes, fameux pour sa lutte contre les congrégations religieuses et contre l'enseignement religieux, continuateur infatigable du cabinet Waldeck Rousseau, sous la présidence de M. Emile Loubet, a fait fermer nombre de chapelles et d'églises non concordataires, n'ayant pas le caractère paroissial. La basilique de Lourdes a été désignée de ce chef, et le Sacré-Cœur de Montmartre menacé, comme faisant double emploi avec sa voisine, l'église paroissiale de Saint-Pierre de Montmartre, vénérable monument historique. Il est donc logique et naturel de se demander si l'affectation des deux temples, qui nous occupent spécialement, est définitive. Le Panthéon, reconnu impuissant du caractère de crypte, sera-t-il rendu au culte, quel qu'il soit, et le Sacré-Cœur de Montmartre sera-t-il au contraire désaffecté? Enfin, puisque la question, pour des motifs variés, est pendante, la question peut être examinée. Aussi, nous allons discuter, et quitter ces monuments pendant quelque temps, pour l'exposition des doctrines et des révélations que nous avons à faire à leur occasion, sauf à faire réapparaître à la fin de ce livre leurs silhouettes majestueuses, nos repères bienfaisants et protecteurs contre l'Infini et contre le néant, au moment de tirer les conséquences et de conclure.

III

Quelle est donc la mentalité actuelle? Dans quelles dispositions d'esprit vont se mouvoir et agir les pouvoirs publics appelés à prendre une décision sur les destinées des deux temples, nos repères, et nos limites dans l'Infini.

Malgré l'antagonisme déclaré, presque le divorce actuel de la Foi Religieuse et de la raison naturelle, il arrive que dans les nations contemporaines du XIXe et du XXe siècle, la raison humaine n'est pas comme autrefois enfoncée dans la nuit de la nature sauvage; elle est très éclairée par la science positive; mais il arrive aussi qu'elle est revêtue de la religiosité empirique; elle garde des reflets lumineux des Révélations antérieures, et une parure religieuse, souvenir des longues traditions, et résultat de l'infusion des habitudes religieuses dans le sang des générations successives. Les idées et les mœurs se sont imprégnées profondément de religion. Impossibilité générale pour la raison naturelle de s'abstraire de la religion d'une façon absolue. Avec de telles prédispositions héréditaires, quelles seront les décisions de la raison revêtue d'autorité publique, si, dans des circonstances exceptionnelles, elle avait à faire, par action d'importance secondaire et administrative, l'affectation du Panthéon et du Sacré-Cœur de Montmartre.

La même situation que sous la première République et la même mentalité se trouveraient aujourd'hui reproduites, caractérisées ainsi : chute politique du christianisme, et, raison naturelle des hommes au pouvoir, imprégnée de religiosité héréditaire. On pourrait donc s'attendre aux mêmes résultats, par exemple : décrétation spontanée d'un culte nouveau, impliquant, sous un nom ou sous un autre, la reconnaissance de Dieu ; soit la Déesse Raison, devenue Personne Idéale et vivante, à la mode de Chaumette, de Chénier et d'Anacharsis Clootz ; soit l'Etre Suprême et le Grand Architecte de l'Univers, à la mode de Robespierre ; soit la Déesse Nature, à la mode de Rousseau, soit une autre conception idéaliste religieuse, comme la Déesse Science. Bien que dans la pensée des fondateurs de ces Religions nouvelles, on ne doive considérer les Divinités présentées à l'adoration populaire, que comme seulement virtuelles, et impuissantes de toute manifestation mystique extérieure ; les fêtes données en leur honneur, en particulier au Panthéon et au Sacré-Cœur de Montmartre, donneraient forcément naissance à un mysticisme apparent. Car on provoquerait par ces fêtes, ces Divinités à entrer en relations surnaturelles avec les hommes, et le peuple se chargerait rapidement de répondre à la place des Divinités. Et ainsi par cette initiative fatale, le peuple exercerait une vengeance légitime contre les réticences cachottières, les subtilités et les dédains de la philosophie savante. On verrait petit à petit se répandre un mysticisme faux, analogue à celui du paganisme, à la place du mysticisme chrétien, celui-là vrai, mais démodé, usé, de puissance secondaire, et cependant préférable; car la vérité, même d'ordre secondaire, vaut toujours mieux que la fausseté.

Il y avait aussi, pendant la Révolution, une minorité matérialiste et violente, dépouillée absolument de toute religiosité héréditaire et idéaliste, et qui obtint l'affectation brutale et dévastatrice d'un grand nombre de beaux monuments religieux à des usages utilitaires, matériels et grossiers, comme magasins, granges, écuries, salles de bal, salles de conférence, etc. Ce parti existe aussi de nos jours, mais combien affiné par le progrès social. Il a répudié la grossièreté matérialiste, sans verser dans l'idéalisme, il se nomme le positivisme. Par son influence, nous pourrions avoir pour nos monuments religieux des affectations utilitaires, mais elles ne descendraient plus au-dessous de l'intérêt de l'art, de l'exposition des musées, et de la réunion publique motivée par une cause patriotique, une cause d'art, ou une cause de science. Car le parti positiviste ne voudrait pas pousser à une juste révolte le monde des artistes et des architectes, ni blesser l'instinct des masses populaires, conscientes de l'harmonie qui doit exister entre de splendides monuments et leur destination. Pour lui, l'utilité positive sera une excuse de l'adoption de l'idéalisme. Cette solution du positivisme utilitaire dans la destination des édifices religieux, nous ne la discuterons pas, elle n'est pas la nôtre, et si on nous l'impose par la force, nous protesterons qu'elle ne peut être que provisoire. Nous nous contenterons de menacer et de dire : patience, laissez croître le lion mystique, il rugit déjà, et dans un avenir prochain, il reprendra possession de ses biens.

Nous revenons donc à la première solution, à celle issue de la religiosité, la seule où nous ayons action, au nom des inspirations mystiques de notre dame stigmatisée. Cette solution est possible, mais pour qu'elle aboutisse, il faut suivre des règles, qui ne se trouvent que dans les Révélations mystiques. Oh ! ému par l'amour de la patrie française et par celui de la République, gouvernement légitime réconcilié, et innocenté de tout le passé, nous nous proposons de faire accepter un progrès évident aux citoyens, législateurs actuels, sur leurs devanciers révolutionnaires. Dans la décrétation spontanée d'un culte, ils ont commis une grossièreté absurde, imputable à l'esprit démocratique naissant. On avait renversé le régime royal, on criait, vive la liberté, l'égalité et la fraternité, mais on n'avait pas ainsi acquis du premier coup jouissance pratique et régulière de la liberté, de l'égalité et de la fraternité. Vis-à-vis des privilégiés d'avant, on pouvait excuser cette prétention gamine d'escompter l'éducation nationale de l'avenir. Mais avec Dieu ! Il n'avait pas été renversé avec le roi, les prêtres et les nobles ! Eh bien, il a été traité pareillement. Non, la République actuelle, avertie et éduquée, ne tombera pas dans ce piège tendu à l'inconvenance absurde et à la présomption inexpérimentée d'une démocratie naissante ; car nous lui dédions la démonstration rigoureuse de l'erreur des gens de 1793, englobés, eux aussi, dans les traditions historiques de la France.

En effet, car en définitive, qu'est-ce qu'un culte, sinon

l'expression des rapports de Dieu et de l'humanité? Si l'une des deux parties, en présence, doit imposer ses relations à l'autre, il est de bon sens d'admettre que ce privilège appartient à la Divinité, réellement vivante dans l'espace infini. Il en résulte clairement que la société humaine ne peut imposer, même spontanément, un culte à Dieu. D'où vient donc cette aberration que ces députés, voulant établir des relations avec quelqu'un, se conduisent comme si ce quelqu'un n'existait pas ? Que faut-il donc ? Simplement se conformer aux convenances et aux usages des relations sociales.

Nous avons donné l'exemple, nous qui prétendons faire œuvre mystique, et nous avons suivi expressément cette règle dans la préface de cette synthèse, par une invocation et une demande de patronage surnaturel.

Il faut donc s'adresser à l'Etre surnaturel, qui doit devenir le sujet du culte.

Combien donc ridicules apparaissent les cultes, décrétés spontanément, dans un bon et beau mouvement naturel. On ne peut pas aborder un personnage royal, un chef d'Etat, sans avoir fait, au préalable, une demande d'audience, peut-on se montrer moins formaliste et moins respectueux, vis-à-vis d'une autorité divine infinie, dominant l'humanité et la nature toute entière. Lorsque l'on est de passage à Paris, se permettra-t-on de s'inviter à l'Elysée, à la table de M. Armand Fallières, Président, actuellement en fonctions, sans le prévenir. Peut-on acheter des mines d'or à Madagascar pour M. de Rothschild, sans son agrément ! Fera-t-on célébrer son mariage religieux et civil avec une jeune fille, sans son consentement formel et authentique! Tandis qu'un monsieur est en villégiature avec sa famille, un ami, qui opérerait son déménagement, pour le loger dans un autre appartement de son choix, et sans l'en informer, serait sévèrement remisé. Agir ainsi avec ses semblables, comme si ils n'existaient pas, est absurde; agir ainsi avec Dieu, est également absurde. Ainsi cependant ont opéré les législateurs français de 1793.

Alors s'agite la question : faut-il faire à Dieu la proposition d'un culte tout construit, une sorte de constitution religieuse, œuvre humaine, que sanctionnera la Divinité; faut-il lui adresser la prière de donner Lui-même un culte et sa forme divine; enfin ne peut-on pas attendre, sans rien proposer ni solliciter, mais aussi sans intention de refuser, que Dieu impose un culte, lorsqu'il jugera opportun d'entrer en rapports avec l'humanité, avec des formes religieuses nouvelles, puisque les anciennes tombent en désuétude : ce qui est l'attitude de la neutralité impartiale.

Dans les deux premiers cas, l'homme fait les avances, et pour se flatter que Dieu y a répondu, des manifestations, strictement surnaturelles et miraculeuses doivent en témoigner. Des langues de feu sont bien descendues du ciel avec grands souffles de vent, et ont voltigé au-dessus des Apôtres, assemblés dans le cénacle · des voix célestes se sont bien fait entendre aux bergers de Bethléem et ils les ont comprises. Le miracle évident sera le critérium absolu de la vérité de la réponse divine. Pas de miracle, donc pas de réponse divine, donc pas de culte.

Le troisième cas correspond à une mentalité originale et assez répandue, exempte de scepticisme, de matérialisme et d'athéisme, elle se confine dans la neutralité idéale, au sein de la vie pratique positiviste. Il est bien intéressant, parce qu'il ne suppose pas l'hostilité à la foi divine chez ceux qui s'y renferment. Ils font preuve d'une humilité de bon aloi, qu'ils savent habilement assaisonner. Ils disent : précisément à cause de la disproportionnalité inappréciables des parties en présence, l'Etre Infini ne se soucie en aucune façon d'un culte d'Adoration. C'est une charge mutuelle que l'on veut s'imposer sans nécessité; une exploitation réciproque dont profitent les habiletés intéressées. Attendons patiemment le bon plaisir de Dieu. S'il a résolu de fonder un culte souverain, expression officielle de ses rapports avec l'humanité, usant de sa puissance infinie, il saura bien nous l'imposer au moment opportun, et le confirmer par des miracles évidents. Dans ce troisième cas, Dieu fait les avances à l'homme. Mais même condition que pour les deux premiers : le miracle évident est le critérium nécessaire de la vérités des avances divines. Pas de miracles, donc pas d'avances divines, donc pas de culte.

Nous pensons en toute sincérité, que dans l'état actuel du mysticisme religieux, caractérisé par la chute politique et le discrédit social du christianisme, la conscience est entièrement libre de se rallier à l'une ou à l'autre de ces trois opinions. Mais il nous semble plus logique, plus flatteur, plus habile, de demander le culte à Dieu, que de lui faire la proposition d'une constitution religieuse, ou que d'attendre de lui, en restant neutre, l'imposition d'un culte. Précisément à cause de la disproportionnalité des êtres en présence, et à cause des secours et des faveurs que les plus petits peuvent attendre du plus grand.

Donc lorsque les législateurs français, réunis en séance dans l'année 1793, décrétèrent un culte national, ils eussent dû tomber à genoux, prier, adorer et demander à Dieu de révéler miraculeusement le culte qu'il lui plaisait d'établir, ou bien le prier d'agréer celui qui lui était présenté : de la Déesse Raison, ou de l'Etre Suprême et Grand Architecte de l'Univers, ou de la Déesse Nature, ou de la Déesse Science. Ils eussent fait un acte de bon sens et de politesse suprême, digne d'être célébré dans l'histoire éternelle. Et qu'on le sache bien, la prosternation devant Dieu Infini n'humilie pas, parce que la justice accomplie honore. Et si aucune réponse divine et miraculeuse ne fût intervenue, ils auraient été délivrés du souci de fonder une religion officielle, reconnue, protégée, et payée par l'Etat. Au lieu de cela, ils sont tombés dans le vieux piège tendu par la présomption à la naïveté spontanée, ils ont rendu célèbre leur ignorance du protocole à l'égard de la Divinité, et bref, ils se sont ridiculisés. Tyranniser cruellement leurs concitoyens semblait leur assurer aussi le droit de tyranniser la Divinité Infinie. Bien dirigé, leur mouvement de religiosité naturelle, les eût menés sûrement à l'immortalité; tandis qu'ils ont été privés de la gloire, qu'ils ambitionnaient, d'imposer une nouvelle ère à l'histoire de l'humanité. Ils l'ont audacieusement décrétée et essayée, mais elle est tombée en désuétude peu d'années après, sous la fatigue et le ridicule de l'opinion publique. Car la gloire de l'ouverture d'une ère nouvelle est exclusivement réservée à la fondation d'une religion nouvelle, douée du caractère authentique de la Révélation Divine.

Et vous, législateurs français du XXe siècle, qu'allez-vous faire ? Resterez-vous dans la stricte neutralité religieuse, au sein de la vie pratique et positive ? Vous condamnerez sans doute l'inconvenance des ancêtres de 1793, et voudrez prouver au monde que le progrès vous a heureusement modifiés et éclairés. Toute tentative spontanée de religion nationale vous paraîtra maintenant usée, ridicule et justiciable du bon sens commun. Et en cela quoi d'étonnant ! La loi du progrès ne s'applique-t-elle pas à tout. Puisque le mysticisme vrai du christianisme est placé en position secondaire mais légitime, le naturalisme ne pourrait-il pas subir des pertes. Rendus perplexes par la multiplicité et les difficultés des solutions, et inquiétés par l'image du sphinx derrière laquelle nous nous abritons, vous vous résoudrez à accepter l'offre officielle que nous vous faisons de bénéficier de nos Révélations et de nos communications divines, dont nous avons été favorisé, précisément parce que nous avons observé les règles de l'Invocation, de la prière, et de la soumission à un patronage mystique. Alors ayant décidé et voté que vous reconnaissez à nos Ecritures la probabilité du caractère mystique, vous décréterez que vous mettez à la disposition des adeptes de l'idéalisme religieux supérieur et du culte de l'Adoration Universelle, au début de ses progrès et de son unification, les deux temples magnifiques du Panthéon et du Sacré-Cœur de Montmartre.

Après la conclusion de ce pacte solennel avec l'idéalisme religieux, juste reconnaissance de son existence évidente, et de son droit imprescriptible au libre développement, digne de la récompense que nous avons promise, et tandis que la neutralité positiviste et impartiale s'adonnera sans entraves au progrès de toutes les sciences et de la civilisation intégrale, nous idéalistes religieux, nous poursuivrons, en toute sécurité, notre étonnante carrière. Et si nous remportions une victoire politique décisive, nous prenons catégoriquement l'engagement d'autoriser la neutralité positiviste et impartiale à continuer son rôle critique légitime, et à tendre à son but irréalisable. Car nous ne nous gênons pas dans notre expansion, nous n'avons pas le même domaine, nous nous contrôlons mutuellement.

Nous élevant au-dessus de ce premier principe, niveau du christianisme, que l'existence et l'espace sont pour les êtres des bienfaits gratuits, dont la négation ferait dresser la queue des scorpions et visquer les dents des vipères, nous nous élancerons à la recherche des mystères, du domaine surnaturel et divin, qui foisonnent dans la nature entière. Oh, encore une fois au nom de ce premier principe, que les déshérités de la fortune, de la santé et des honneurs ne se révoltent jamais contre leur naissance et ne la maudissent pas, ils feraient rire les Asiatiques panthéistes, ils feraient frémir l'enfer. Sans faire de retour sur le passé, qu'ils progressent pour leur bénéfice, et pour celui de leurs enfants. Il est légitime en effet qu'ils rêvent et obtiennent de la gloire et de la richesse de la nation, qu'outre le titre de citoyen et de citoyenne français, chacun et chacune de ces faibles et de ces malheureux puisse jouir d'une rente viagère servie par l'Etat Nous souhaitons qu'ils réussissent. Il faut que nous nous hâtions de progresser, car le tableau de la décadence religieuse s'est offert à nos yeux stupéfiés.

La conscience humaine, susceptible de l'acte de foi, est devenue presque insensible aux sollicitations des ministres des divers cultes, au point qu'elle a proclamé avec indifférence, dans beaucoup de régions, la liberté de tous. L'exclusivisme ancien et ses luttes héroïques pour la prédominance de telle ou telle croyance, sont devenues exotiques et improbables. Le gouvernement français peut impunément attaquer la liberté de l'enseignement, dissoudre les congrégations religieuses, et commencer la séparation des Eglises et de l'Etat, la nation, dans son ensemble, n'est pas émue et ne bouge pas, elle est fatiguée des luttes du passé, elle est sceptique. La foi religieuse n'échauffe plus les cœurs, le monde s'est refroidi : Les fois anciennes sont écrasées par des montagnes de livres et d'écrits, de critiques, d'accusations et de réfutations, plus ou moins loyales, plus ou moins prouvées et victorieuses, mais en tous cas, destructrices de la fidélité. Et comme nous faisions la réflexion que pourtant ces Religions déclaraient des miracles historiques et authentiques, et enseignaient de réels mystères, et que nous nous demandions pourquoi la présence du surnaturel ne les avait pas empêchées d'être ébranlées profondément, nous en avons constaté la cause dans ce fait patent, que tout ce surnaturel du passé était contesté et nié par la science actuelle.

Ensuite notre grave méditation prolongée, nous a mis en communication avec Dieu, et son inspiration a illuminé notre bon sens. Nous avons écrit.

Nous avons compris de nouvelles vérités, et reçu l'intime intuition divine d'une mission surnaturelle de les faire comprendre et adopter. Nous avons reconnu que cette mission était partageable, et que, si nous y manquions, les remplaçants et les rivaux ne feraient pas défaut. Nous avons vu briller de nouvelles lumières, nous avons subi la conviction intime, que de nouvelles sollicitations, de nouvelles intuitions, de nouvelles croyances, reliées vitalement aux anciennes, étaient capables de vivifier cette indifférence sceptique, et cette fatigue du passé, qu'il était possible d'une opportunité heureuse de proposer, au nom de Dieu, une Foi nouvelle, reliée vitalement aux anciennes, digne des plus brûlants enthousiasmes et des plus saints martyrs; une Foi, que la raison envahissante, aidée de la science, sera incapable de railler, d'amoindrir, de limiter, et de détruire.

Des horizons nouveaux, reliés par des transitions lumineuses et des nuances adorables aux anciens, s'étendaient devant nos regards éblouis. Nous avons saisi qu'il était absurde, injuste et contradictoire, de faire disparaître tout le surnaturel ancien; que celui-ci était le témoin légitime et authentique du début de la Foi Religieuse; et qu'il s'agissait seulement de dépouiller les anciennes religions de leur parure absolue et exclusive, de les réduire et de les classer comme simples dévotions particulières, mystiques et légitimes, dignes de liberté et de respect. Ainsi, il est donc bien nettement déclaré ici, et défini avec précision qu'il ne s'agit que d'une expansion de la vie mystique antérieure, nullement de suppression ou de remplacement. Il s'agit seulement pour toutes les anciennes Religions d'un englobement par des principes d'un mysticisme supérieur.

Toutes réclamations apaisées, tout-à-coup le progrès religieux divin a rayonné devant nous, comme un soleil. Les conditions, au prix desquelles, on peut sortir des clientèles spirituelles particulières et les traverser, nous sont apparues, pour que la conscience puisse s'établir dans une liberté divine élargie.

Et nous croyons sincèrement, qu'en union avec les inspirations et les intentions divines, nous pourrons contribuer utilement à faire avancer le monde des esprits vers l'avènement de la Foi Unique de l'Adoration Universelle. Nous avons vu en particulier que le surnaturel du passé avait sa source dans des régions spirituelles secondaires, inférieures à celle de la sublimité de la Personnalité Divine isolée : par exemple dans des régions angéliques mélangées aux puissances humaines sanctifiées, et aux puissances providentielles et substantielles secondaires, et, que par suite, ce surnaturel démodé, issu d'êtres limités dépendant de la création première, était contestable par la science humaine, parce que reproduisable par elle ; tandis que le surnaturel, issu de la Personnalité Divine Infinie, directement agissante, défie tous les efforts de la science humaine.

Nous avons encore senti que les nombreux instruments employés par l'inspiration divine, devaient absolument se distinguer de leur mission, ne pas confondre leur intime personnage avec leur mission, ni avec l'Etre Infini qu'ils servent; ne pas se récompenser à l'avance et se payer eux-mêmes en empiétant sur leur mission pour la compromettre et la morceler, ainsi que l'a commis manifestement Jésus-Christ. Il s'est si singulièrement conduit, qu'en dehors de lui, de ses œuvres, de ses discours, de sa personnalité, il ne reste rien pour celui qui lui a confié sa mission. Ainsi en particulier l'Eucharistie. Au lieu de la limiter à sa chair, il eut dû faire comprendre que cette sublime institution, où il avait la part superbe d'initiateur, représentait le mystère de tous les martyrs et de tous les sacrifices saints de l'Univers, surtout le mémorial des souffrances divines, inénarrables, de la Création panthéiste.

Ces Ecritures se présentent donc bien au public, basées sur l'autorité de la Foi Divine, avec tous les caractères de crédibilité. Qu'on le veuille, ou qu'on ne le veuille pas, elles sont sacrées.

Nous avons accumulé pour les soutenir autant de démonstrations rationnelles, et d'arguments de bon sens, qu'il nous a été possible, diminuant ainsi sans doute le mérite de la confiance et de la croyance, mais en revanche les facilitant beaucoup. Si minime qu'elle soit, la part réservée à la foi est encore considérable. Le filet est tendu : il faut croire, mais on reste libre de croire.

La Foi ! Profondeur de la vie cachée et mystérieuse ! Ouvrons donc nos regards curieux et désabusés sur des régions spirituelles plus profondes et plus lumineuses, et que les âmes fatiguées et anxieuses s'enfoncent plus avant dans l'Infini.

Pour nous, plein de confiance, nous abordons franchement notre sujet, et nos inspirations divines nous présentent nos espérances sous les aspects les plus favorables. Parfois dans notre pensée le printemps sourit avec ses fleurs, ou l'été rayonne avec ses moissons. Nous accorderons encore un souvenir de reconnaissance à ces vallons solitaires et délicieux du Jura, d'une austérité si engageante, tantôt silencieux et dirigeant la pensée vers la lumière idéale, tantôt vibrant par le charmant murmure des eaux et inclinant à écouter les mélodies célestes; car nous avons grandement profité de leurs religieuses retraites pour nos méditations, loin du fracas toujours croissant de la civilisation. Décors et résonnances poétiques de la patrie, accompagnez-moi de la permanence de vos impressions!

VÉRITÉS DE FOI DIVINE

I

Le Panthéisme donne la vraie explication de l'origine du monde.

Dieu Infini a tiré l'Univers entier, êtres vivants, y compris les anges, et matières inertes, de sa propre substance vivante.

D'abord, il a séparé de lui-même deux masses substantielles immenses, intentionnellement distinctes, illimitées en étendue, qui devaient constituer l'une, la vie spirituelle de tous les êtres vivants, l'autre, l'existence des matières inertes.

Chacune de ces émanations substantielles est d'étendue infinie, car, puisqu'il s'agit d'opérations de l'Infini sur lui-même, toute fraction $\frac{2}{10}$, par exemple, de l'Infini $\frac{m}{0}$ est encore l'Infini $\frac{m}{0} \times \frac{2}{10}$ et leur ensemble infini $\frac{m}{0} \times \frac{2}{10}$ rend compte de l'aspect infini de l'Univers naturel, qu'elles doivent constituer.

Dieu conserve donc pour sa Vie Indépendante et Personnelle la plus grande masse Infinie de sa substance $\frac{m}{0} \times \frac{6}{10}$.

L'Univers naturel est donc infini, et Dieu aussi dans sa substance personnelle distincte, est infini, avec prédominance de masse.

Au premier moment de la séparation, les deux émanations sont vivantes, mais Dieu les prive intentionnellement de personnalité.

Et tant qu'elles n'ont pas encore réagi l'une sur l'autre pour s'attaquer, il les environne et leur communique une hostilité mutuelle pour la perte de leur personnalité, car elles sont vivantes. Elles cessent, sous son action, d'être pareilles, car il applique sa pensée, son sentiment, son énergie à les différencier, la communauté de la vie impersonnelle subsistant toujours avec lui.

A la fin, il parvient à les établir dans une position réciproque telle, qu'elles s'attaquent, que l'une jouit de suicider et de tuer l'autre par rapport à Dieu, ce qui la rend subitement inerte, et celle-ci jouit de faire mourir lentement la première par rapport à Dieu, ce qui la prive de vie par détachement supporté et consenti, et la laisse spirituelle.

Le meurtre, le suicide et la mort sont les tragédies prédominantes qui caractérisent la première période de l'Emanation Vivante Divine. Suicide et meurtre sont la source de la matière inerte, correspondant à la vie Divine impersonnelle figée instantanément; mort, source de la vie spirituelle de tous les êtres vivants, correspondant à la vie Divine impersonnelle se détachant d'elle-même en souffrant lentement.

La masse figée subitement par le suicide brille comme le soleil, celle morte lentement est obscure, noire, et mobile. Les deux masses sont maintenant séparées et sans communication, mais elles conservent de puissantes propriétés virtuelles de se rechercher, instruments futurs de la création vivante.

Alors la réaction mutuelle des deux masses étant opérée, Dieu cesse de les environner, car elles ne sont plus vivantes, il les pénètre complètement, et alors s'ouvre l'ère si fameuse du chaos, indéfinie pour l'esprit humain, quant à sa durée, et à l'aspect précis de ses phases.

Nous en écrirons seulement ce que l'inspiration Divine aura pu, avec difficulté et persévérance, faire comprendre à notre faiblesse intellectuelle humaine.

Alors empruntant aux deux masses, il a séparé de Lui, les Anges, et il les a introduits dans ces deux masses, où ils se sont précipités, avides de vie égoïste et personnelle, absorbant, jusqu'à en être gavés et ivres, ces jouissances disponibles de suicide et de mort divines, et ces sacrifices divins.

Alors Dieu inaugure ses premières relations avec des êtres, les anges, en les félicitant intuitivement de la satisfaction de leurs convoitises, en reniant ces masses comme n'étant plus Lui-même, en illuminant leur conscience par la certitude que ce reniement leur est consacré, et qu'il leur est fait abandon de la propriété de ces masses dans la mesure de leurs forces et de leurs convoitises.

Dieu dispose maintenant de substances premières, inertes et mortes, et d'instruments de travail pour ses opérations, car les anges deviennent aussitôt d'actifs collaborateurs, remplissant toujours le rôle qui comporte la jouissance, Dieu gardant celui de la fatigue et de la souffrance.

Il travaille la masse matérielle inerte avec les anges, ajoutant même de sa propre substance indépendante, et il y fait apparaître les atomes distincts des corps simples, et leurs affinités spéciales, retirant aux uns des modalités de sa vie antérieure, qu'il donne aux autres. Il y transforme ainsi petit à petit sa vie primitive en lois chimiques, réservant la simplicité de l'Ether. Ensuite il y forme les noyaux des astres, des soleils et des planètes.

Il travaille aussi la masse spirituelle morte avec les anges. Il la divise en catégories et en modes distincts, correspondant à la variété des types des diverses races d'êtres vivants de la nature future, il y transforme sa vie primitive en forces physiques.

Il emploie maintenant ces forces physiques disponibles pour donner l'impulsion aux noyaux astronomiques : la mesure de ces efforts est donnée par la force du lion agissant seulement sur son corps, et pour ce motif le lion restera le type royal de la force dans la nature.

Puis il produit des diminutions brusques de vitesse, dans le mouvement de rotation des corps cosmiques, ce qui entraîne comme conséquence mécanique la séparation des planètes, repoussées dans l'espace, en des plans différents, et liées par des lois simples de gravitation à l'astre central.

Tout ce déploiement de forces physiques, sur les masses astrales monstrueuses, n'excède pas la force du lion, roi de la nature, sur son propre corps. La force du type mouton ne pourrait pas servir de mesure, mais il faut la prendre dans la catégorie infinie du type lion, renfermée dans l'émanation infinie et substantielle des forces physiques, celle qui est morte, noire, et mobile.

Enfin il prévoit et prépare son repos futur, par la formation indéfinie des comètes dans l'avenir. Lorsque les comètes rétréciront brusquement leurs orbites, et condenseront leur substance, elles contraindront au repos dans l'espace l'astre central.

On n'écrira plus que notre soleil, avec son cortège de planètes, marche dangereusement vers la constellation d'Hercule.

Comme on voit les gouttes de pluie, en frappant les vitres, s'arrêter brusquement, et répandre aussitôt leur matière en ellipses humides, de même, en inversant le phénomène, la transformation brusque des paraboles cométaires en ellipses rétrécies, immobilisera l'astre central dans l'espace. Le retrécissement brusque des orbites des planètes éloignées produirait le même résultat mécanique, et par ce fait, plusieurs d'entre elles pourraient devenir habitables. Il n'y aura jamais trop d'habitations pour la multitude effrayante des morts.

Pour amener tout le repos astronomique, il suffit de l'apparition d'un thaumaturge, véritable Hercule divin, capable du mysticisme correspondant au type lion, (*Jésus-Christ n'était capable que du mysticisme apparent correspondant au type mouton*); car en exerçant sa puissance surnaturelle sur toute la catégorie lion des forces physiques émanées, il commandera aux mouvements sidéraux.

Pendant ce temps, les anges prêtent constamment leur concours à ces opérations minutieuses et gigantesques, chimiques et physiques; et jusqu'ici, eux, sont les seuls êtres vivants et limités, distincts de Dieu.

II

Lorsque notre planète terrestre, suffisamment refroidie à la surface, enfin modelée par les plissements, les contractions, les ruptures et les soulèvements, fruits du refroidissement et des commotions intérieures, eut reçu ses eaux, produites par la cessation de la dissociation de l'hydrogène et de l'oxygène, lorsqu'elle se fut environnée de son atmosphère, elle avait acquis une couche arable sous l'action de tous ces éléments déchaînés; elle était devenue habitable.

Les matériaux pour la construction des êtres vivants

étaient prêts à être employés, car les opérations antérieures avaient mélangé, suivant une répartition variée, la masse inerte de l'émanation tuée et suicidée, à la masse morte des forces physiques mobiles, et Dieu les pénétrait l'une et l'autre de sa substance vivante et indépendante, tandis que les anges étaient à sa disposition pour travailler avec lui.

Car ces opérations antérieures n'avaient employé que des portions importantes des masses émanées, il en restait alors d'autres portions immenses, revêtues de toutes leurs propriétés primitives, et il en reste encore de nos jours, dans l'espace, causes des générations spontanées et des comètes en formation, constatées par la science positive.

Et maintenant grâce à la présence des anges, ses collaborateurs limités, Dieu Infini peut cesser de travailler dans l'étendue infinie, et produire des œuvres limitées.

Le mystère de la transition est donc reculé pour le rationalisme jusqu'à la création des anges. Par révélation, nous pourrons peut-être un jour l'éclairer de quelques lueurs vagues, car le limité, même inspiré, peut-il comprendre et expliquer l'Illimité ?

Pour laisser soupçonner déjà la possibilité rationnelle de la limitation des anges, nous nous contenterons seulement d'écrire que ces êtres surnaturels et merveilleux, n'ont qu'une seule faculté, soit d'intelligence, soit de sentiment, soit de volonté, qu'il y a des anges distincts de l'Intelligence Divine isolée, des anges distincts de l'Amour Divin isolé, des anges distincts de la Volonté Divine isolée.

On peut donc deviner à peu près que, dans l'effort intime de s'abstenir d'agir dans deux facultés, Dieu ait pu intentionnellement créer par réaction des êtres limités dans la troisième faculté virtuelle. Naissance merveilleuse des anges, la première en date, issue de la virtualité même de Dieu, je vous salue.

O rationalisme curieux, sceptique, agressif, présomptueux et incrédule, avare de contrôle, prodigue d'objections, pourquoi nous forcez-vous toujours à la riposte, et à soulever ici un coin du voile, qui couvre l'adorable virtualité Divine !

Nous en tremblons encore ! La conception de notre anéantissement nous a stupéfié !

Les premiers essais de vie organique furent faits dans les eaux. Ils eurent le double caractère végétatif et animal ; ils exprimèrent les rapports des deux masses inertes et actives, mais pas encore l'indépendance de l'une par rapport à l'autre.

Dieu, qui pénétrait tout de sa substance vivante, indépendante, prépondérante, et pouvait, grâce aux anges, faire des œuvres limitées, mit en présence des fractions de la masse morte avec la masse inerte totale, et aussi des fractions de la masse inerte avec la masse morte totale ; Il leur permit, sous sa direction, de satisfaire mutuellement leurs hostilités primitives et leurs recherches de retour à l'état originel divin, en s'unissant pour se neutraliser suivant ses plans d'imagination créatrice ; et alors apparurent les protoplasma, les cellules organiques, animales ou végétales, et progressivement les premiers coquillages, les premiers végétaux, les algues marines et la masse des protozoaires, des rhyzopodes, des infusoires et des zoophytes.

Devenaient végétaux, les fractions limitées prises à la masse inerte, se satisfaisant et se neutralisant sur la masse morte totale ; devenaient animaux mollusques les fractions prises à la masse morte, englouties par la masse inerte totale. Car chaque fraction demande avidement la vie ou la résurrection à la substance, cause de son suicide ou de sa mort. Pour revivre, les émanations se rendent mutuellement la jouissance de la matière, et celle de la force, et ainsi se trouve constitué l'état vivant organique, prêt à évoluer.

Dans chaque cas, la masse totale absorbait la fraction opposée, en la déterminant de forme et de fonctionnement organique, sans la faire disparaître, sous la direction divine, et, par ce motif, les mollusques restèrent fixés à la masse inerte par leur coquille, et les végétaux à la masse morte et mobile. L'enfoncement des racines dans le sol est une action de force physique violentant la matière, pour sa satisfaction, et non pas une union adéquate avec la matière.

Toutes les formes nouvelles organisées et plus compliquées étaient liées aux anciennes, parce que la Puissance Divine progressait dans l'exécution de ses plans, et dirigeait sûrement et souverainement la neutralisation réciproque des deux émanations primordiales. Car au fur et à mesure de la création de ces diverses catégories organisées, Il les faisait traverser par les masses, et n'employait celles-ci qu'après ce passage. Le progrès et la complication étaient ainsi assurés.

Les poissons ont donc à la fin animé les eaux successivement suivant leurs différentes espèces, comme êtres indépendants des deux émanations, sauf pour l'estomac, et dans les eaux, la science positive peut admirer la plus grande variété des essais divins du commencement, encore subsistante.

Pendant ce temps, des surfaces terrestres ayant surgi au-dessus des eaux, et s'étant offertes directement aux caresses du soleil et de l'atmosphère, Dieu fit sortir des eaux le règne végétal, et le fixa vivant dans ces terres nouvelles, en modifiant et appropriant son système de respiration. Ainsi apparurent les fougères, les mousses et les conifères. Les végétaux ont servi à opérer la transition des travaux en-dessous, puis au-dessus des eaux, et ils ont été à nouveau traversés par les deux émanations infinies, l'inerte et la mobile, toujours en quête de neutralisation réciproque.

Alors, leurs convoitises réciproques sont devenues des puissances et des fonctionnements organiques. La masse inerte fournit la matière, la masse mobile la façonne, et elles sont disciplinées et aptes à la production de formes nouvelles, par l'existence des anciennes, qu'elles ont été contraintes de traverser.

L'estomac est maintenant le seul organe, où les convoitises réciproques des émanations puissent directement se satisfaire et se neutraliser, en dissolvant les substances organisées ingérées, dont elles se rendent libres, par la transformation et l'adaptation aux êtres.

Alors apparaissent toutes les formes animales et végétales dont la géologie constate la grande variété dans les diverses couches, primaire, secondaire, tertiaire. Maintenant le monde vivant est lancé, il évolutionne lentement en progressant toujours, par transformisme, sélection et adaptation aux milieux ambiants et aux conditions climatologiques. Les changements de l'écorce terrestre sont liés, par action intentionnelle, aux transformations de la vie organisée

Les batraciens, les sauriens et les reptiles, et les grands isauriens amphibies, se succèdent, jusqu'à ce que, pourvus de poumons, volent dans les airs, les ptérodactyles. Les formes grossières, qui ne satisfont plus au plan divin, disparaissent dans les terrains secondaires.

Alors apparaissent les formes vivantes les plus compliquées; des végétaux très étudiés et très diversifiés, des mammifères, des oiseaux et des insectes. Ces trois dernières races sont composées d'êtres indépendants des deux émanations primordiales, sauf pour l'estomac, tandis que les végétaux, les coquillages et leurs similaires, restent dans la dépendance de l'une ou de l'autre.

A l'époque quaternaire, l'homme apparait, suprême chef-d'œuvre de la neutralisation complète des émanations. L'évolution de la création panthéiste est terminée.

Mais Dieu ne fait pas que créer des mécaniques végétales, animales, vivantes, en employant ses émanations, car au plus grand nombre de ses œuvres organisées, il donne une participation variable à sa vie Divine, indépendante et infinie.

Ainsi le plus grand nombre des végétaux deviennent divins par participation pour la fécondité, les chiens deviennent divins pour l'odorat, les chevaux divins pour les poumons, les lions pour les yeux, les aigles pour le cœur, les vautours pour le foie et la souffrance, les tigres, les chats pour la rate et la jouissance, les renards pour l'estomac, etc., etc.

Chaque race conserve donc une communication directe avec Dieu, dans un au moins, quelquefois plusieurs de ses organes, tandis que les autres organes restent instinctifs et mécaniques, esclaves des émanations.

L'homme, au contraire, reçoit et conserve la grâce de la communication divine dans tous ses organes, il est personnel et à l'image de Dieu, il est la personnalité Divine localisée, mais il est constitué en rivalité avec chaque race végétale ou animale pour leurs spécialités divines.

Ainsi doit être comprise l'organisation panthéiste du monde. La race humaine n'a pas le monopole exclusif des communications divines. Redoutable vérité, qui intéresse les destinées humaines, et qui a trouvé son écho, confus et vague, dans la métempsycose panthéiste asiatique !

Pour ce motif, aussitôt qu'ils sont parus, tous les êtres sont employés à l'organisation du monde vivant : ils n'ont qu'une notion intuitive et vague, d'avoir été traversés par les émanations primitives, et il suffit qu'ils vivent, pour collaborer avec Dieu : le mouton, victime universelle organisée, collabore à la liberté réciproque des êtres et de Dieu ; le renard collabore à la ruse et à la digestion ; les oiseaux et le cheval à la respiration ; le chien à l'odorat et à la lumière intellectuelle ; le crocodile et le lion au ministère de la mort ; l'aigle et l'hyène à la vie ; le vautour et le paon à la souffrance et à la hiérarchisation de la vie ; le tigre et le chat à la richesse et à la jouissance de la vie ; l'âne, le chameau, l'éléphant, comme agents vivantiels, à la conservation substantielle et charnelle, et à l'entretien de la vie, etc., etc. ; enfin les poissons travaillent à la pâmoison de la vie atmosphérique, tandis que les oiseaux travaillent à l'étouffement de la vie aquatique.

En conséquence tous, animaux et végétaux déjà parus, ont collaboré à la création du dernier chef-d'œuvre, de l'homme, et tous ont conservé hypothèque partielle et divine sur lui.

L'Ère du chaos était close.

Alors est née dans le monde, et ne relevant plus que de la grâce divine, la femme.

On trouve l'homme dans l'ensemble de tous les matériaux et de tous les instruments antérieurs de la création panthéiste, on ne trouve pas la femme, elle a une origine qui lui est spéciale, elle sort du type humain déjà formé, et que Dieu isole pour la créer.

La Bible donne une figure véritable de cette origine,

lorsqu'elle présente la femme, comme façonnée d'une côte d'Adam.

Au sein du type humain isolé, Dieu produit une dissociation des émanations primitives, et il prend l'être de la femme sur la substance suicidée, l'autre substance étant établie à l'état secondaire et de servante. Puis, prélevant sur sa propre substance indépendante, il opère une émanation particulière, dont il enrichit la femme, enfin dans cette substance favorisée et informée il entre directement en communication avec la femme dans l'ensemble de ses organes, et la divinise totalement au-dessus de l'homme.

Voilà la véritable Divinité de l'Univers, et dorénavant pour communiquer avec l'homme, la Vie libre de Dieu passera par la femme.

Elle est présentée à l'homme comme sa Divinité naturelle, et l'égalité entre eux ne peut être rétablie que dans le mariage, à son détriment, et au bénéfice de la continuation de l'évolution du type humain dans la nature par les enfants.

L'inspiration divine ne peut donc éclairer, échauffer, et promouvoir un homme vers des Révélations, que par l'intermédiaire mystérieux d'une dame de ses pensées.

Oh Déesses nombreuses et typiques du brahmanisme, ne doit on pas vous contempler comme des dames privilégiées de l'Inde, ayant été favorisées d'émanations particulières divines.

Car où est l'obstacle à des opérations substantielles nouvelles, au-dessus de l'influence des agents vivantiels naturels, suites et imitations de l'émanation en faveur d'Eve, sinon les terribles jalousies et la subtile surveillance des anges, farouches gardiens de la limitation vivantielle.

Et qu'oser écrire sur la fécondité de la femme, sans rencontrer d'accointances avec l'histoire naturelle et la médecine, et en se maintenant dans l'idéalisme et dans la poésie !

Elle représente le perfectionnement des fécondités antérieures, conçues sur le même plan, comme celles des races mammifères, dans lesquelles la femelle fut créée sur le type mâle isolé et exploité, seulement dans la substance suicidée, après la dissociation, avec accompagnement de la faveur d'émanations divines particulières. La communication de la vie divine correspondante avait lieu ensuite.

Comme les femelles mammifères, la femme reçoit pouvoir organique et sexuel, lorsqu'elle devient nubile, de prélever naturellement sur la substance de son type, existant dans l'espace surnaturel, ces fractions substantielles, ces germes, que Dieu prenait lui-même, lors de l'exécution de ses premiers travaux. Elles ont ensemble hérité de l'activité Divine, qui s'est organisée et soumise à un fonctionnement régi par les multiples lois.

Et comme le mâle conserve dans son sexe et dans l'unité du type la réaction du déséquilibre produit lors de la formation privilégiée de la femelle, il est poussé presque par vengeance, au rétablissement de l'équilibre, à la neutralisation et à la fécondation.

La fécondité admirable des végétaux est basée sur les mêmes principes de dissociation et de déséquilibre dans le type, mais le phénomène conserve le caractère de virtualité dans l'intérieur du type hermaphrodite.

Pendant ce temps de terribles fluctuations s'étaient produites, dans la collaboration des anges avec Dieu. L'histoire en est peut-être plus émouvante encore que celle des travaux de la création.

Les relations de Dieu et des anges furent excellentes, tant que durèrent les essais d'organisations ne dépassant pas la valeur de mécaniques végétales et animales; ils jouissaient du spectacle de ces formations variées et nouvelles, n'y considéraient que des jeux et des amusements faits pour eux, et obtenus d'une puissance inconnue, répandue dans l'espace, à leur service. Ils ne se préoccupaient nullement de la cause de leurs jouissances, ni des fatigues divines.

Il y avait une fatalité de prédestination, qui devait les suivre dans l'avenir, dans leur manque de réflexion, résultant surtout de leur modalité vivante, l'unité de la faculté, ce qui les obligeait, pour se procurer l'usage et la jouissance des autres facultés, à une cruelle exploitation de toutes les substances présentes.

Souvent, mais en vain, Dieu essaya d'échanger les rôles avec eux, et d'en faire de parfaits collaborateurs et de véritables amis, en les arrachant à leur égoïsme endurci et irréfléchi, en leur faisant adopter, à leur tour, le rôle de la fatigue et du sacrifice, tandis qu'il prendrait celui de la jouissance et du repos.

Encore une fois, ce furent de vaines tentatives divines.

Lorsque se montrèrent des œuvres douées de la participation à la Vie Divine, aussitôt commencèrent les réclamations et les révoltes, les jalousies cruelles, et les refus de continuer à collaborer à des travaux nouveaux.

Même un partage dans les œuvres déjà réalisées dans la nature ébauchée devint nécessaire, Dieu et les anges firent des conventions. Le type mouton fut créé et mis à la disposition des deux puissances pour leur liberté réciproque; puis les chiens et les chats furent abandonnés aux anges, tandis que Dieu travaillant seul, et pouvant se limiter, quoiqu'infini, sur des œuvres déjà produites, créa pour lui seul, le renard, les singes et les perroquets, précurseurs évidents de l'apparition prochaine de l'humanité.

Les rapports passèrent encore par des alternatives de paix et d'hostilités; mais lorsque l'homme, être personnel et divin, eut surgi dans la nature, doué des trois facultés, d'intelligence, d'amour et de volonté, une révolte et une guerre formidable éclatèrent. Les anges se trouvaient en présence d'un rival incontestable. Ils reprochèrent amèrement à Dieu ces participations, qu'à la fin des travaux communs, il faisait toujours aux êtres sur sa substance vivante et personnelle, et malgré leurs réclamations antérieures.

Ils accusèrent Dieu, avec frénésie, et par des cris effrayants, de les avoir volés. Un certain nombre d'anges unirent ensuite leurs efforts pour la destruction de l'homme, et de toutes les créatures à la formation desquelles ils avaient contribué. Dieu défendit ses œuvres, aidé des anges fidèles. La démonstration qu'il fit aux rebelles que eux n'avaient cessé de jouir, tandis que lui peinait et se sacrifiait, demeura sans résultat. Des batailles formidables furent livrées, jusqu'à ce qu'enfin, à bout de patience, Dieu, usant de sa puissance originelle, dominatrice de toute vie, renia les révoltés, et cessa toute communauté avec eux.

Ceux-ci font une chute horrible, célèbre dans beaucoup de vénérables traditions religieuses, et ils fondent l'enfer dans les domaines des organes honteux, et des matières fécales, au sein des animaux immondes et malfaisants, scorpions, vipères, frelons, moustiques, punaises, crapauds, chauve-souris, tarentules, etc., etc., qui apparaissent instantanément dans la nature avec la permission divine, et sa satisfaction, sous les mouvements désordonnés de leur rage.

La stabilité et la fixité de l'organisation du monde font un gain immense dans le peuplement de l'enfer naturel.

Car les démons de toute catégorie s'emparent des reniements que Dieu a faits de lui-même et de sa substance.

Ils espèrent entraîner avec eux une étendue immense de la substance divine, celle consacrée aux travaux de la création, et sont obligés de se contenter avec désespoir et horreur du domaine épouvantable, dont nous n'avons donné décemment qu'une faible esquisse.

Cependant une zone neutre de communication est conservée entre la région divine et la région infernale : celle des assaisonnements. Lorsque les plaisanteries et les facéties des diables dans le sens de leur retour à la grâce, font rire les saints, ou inversement, lorsque les imperfections et les inconvenances spirituelles et piquantes, avec tendance vénielle et infernale, des être en grâce font rire les diables; il n'y a pas dans le premier cas de rétablissement en grâce, ni dans le second cas punition et reniement, il y a seulement production et échange d'assaisonnements dans la zone neutre, et soulagement réciproque. Ces assaisonnements de l'esprit vivant ont une correspondance intentionnelle et symbolique panthéiste dans la nature, le sel, le poivre, le piment, la muscade, la vanille, etc., etc. Dans cette zone neutre le paradis et l'enfer peuvent se rencontrer, communiquer en riant, faire des échanges, sans se confondre.

Après avoir lu ces récits de l'organisation du monde, on aura l'explication de l'inconséquence apparente et singulière de cette assertion vraie de la Bible : « *Et il se reposa le septième jour, après avoir achevé tous ses ouvrages* », car la Bible fait surgir simplement et sans travail le monde à la parole évocatrice de Dieu.

La Révélation panthéiste actuelle explique et sanctionne donc la déclaration biblique du repos divin, mais elle a réalisé ce progrès certain d'avoir évité la contradiction où est tombée la création *ex nihilo*, patronée par la Bible. On n'a pas à se reposer, quand on ne s'est pas fatigué.

Nous avons exposé les conditions, dans lesquelles va s'ouvrir la période paradisiaque : la vie divine, communiquant par la grâce avec la nature, a, en face d'elle, un monde diabolique.

Malgré nos efforts, ce tableau abrégé de la Création Panthéiste, demeure combien pauvre et obscur : puisse-t-il être complété, rectifié, éclairé, par d'autres Révélations, dans l'avenir.

CONSÉQUENCES MORALES ET PRATIQUES

DU

PANTHÉISME RELIGIEUX

I

Ainsi, par Révélation de vérité divine, tout est donc Dieu.

Oh! admiration contemplative de la nature panthéiste, tu ne saurais épuiser la patiente méditation humaine!

Les astres solaires, les planètes, la terre, les matières inertes, l'atmosphère, les eaux, les végétaux, les animaux, les hommes, tout émane, au commencement, de la substance divine, vivante et Infinie!

Tout est Dieu!

Le Panthéon est Dieu, le Sacré-Cœur de Montmartre est Dieu!

O vous, temples religieux, qui nous avez protégé contre l'évaporation dilatée dans l'infini et contre l'anéantissement, dans le réduction à zéro, de notre être, recevez ici, monuments superbes, nos saluts et nos remerciements. Notre inspiration panthéiste de vous choisir comme repères protecteurs, proportionnés à notre taille, était donc bien dirigée, car nous restons dans le doute si votre masse dépasse nos moyens de vous ressusciter à la vie divine originelle. Ne pourrions-nous pas faire remonter dans la trame de vos molécules variées, combinées et déplacées par les affinités chimiques et les forces physiques, le courant des opérations divines panthéistes, de telle sorte que vous vous offriez à notre contemplation, vivants de la vie divine, sensibles, sonores, mobiles, clairvoyants, exprimant par le rayonnement et la vibration de la vie, l'idéalisme artistique, français et divin, qui est matérialisé en vous ! Et si nous sommes impuissants, Notre-Dame stigmatisée pourra ce miracle ! En votre présence, lorsque nous admirons la poésie variée qui vous pénètre, et la majesté de vos contours apparents se détachant victorieux sur le firmament, imbus que nous sommes de la vérité de la création panthéiste, nous comprenons, en l'adoptant, le rêve des Asiatiques, agenouillés devant leurs statues divines, demandant dans leurs prières et attendant la revivifaction de leurs idoles. Toutes ces démonstrations sont des hommages légitimes à la vérité de la création panthéiste.

Oui, tout ce qui nous environne habituellement, notre famille, nos domestiques, notre maison, notre chambre avec son plafond, ses parois, son plancher, ses tapis, avec ses meubles, son poêle et son feu; nos vêtements, nos aliments, nos lumières, nos livres, notre chat, notre chien, nos mouches, tous les objets que nous manipulons, tout, absolument tout, et nous-même, tout est Dieu.

Le Panthéisme est une vérité de foi Divine.

Rien d'étonnant alors, à ce que l'on enseigne, et que l'on croie : Jupiter est Dieu, Brahma et Bouddha sont dieux, Isis et Vénus sont déesses, Jésus-Christ est Dieu, puisque nous tous aussi, et avec eux et elles, nous sommes Dieux !

Pour expliquer ces faveurs accordées par l'opinion à certains Personnages humains, et légitimer ce privilège de les élever au-dessus de nous, il faut faire intervenir les motifs de la hiérarchisation des honneurs et des richesses de la vie, acquisitions de la justice.

Au moment de la naissance, la base originelle de la vie est pareille pour tous, ornée de l'égalité, de la liberté et de la fraternité, pour tous elle est horizontale; ensuite au milieu des vicissitudes de la vie, chacun s'élève et s'établit sur l'un des nombreux échelons de l'échelle de la hiérarchisation des honneurs et des fortunes, reconnus et sanctionnés par la justice divine. Personne, pas même Jésus-Christ, n'a le droit d'accaparer cette échelle pour lui tout seul; car elle a été placée, par la puissance divine infinie, sous la garde des vautours et des tigres.

II

Ayant montré au pied de l'échelle des destinées futures, les êtres humains, d'abord enfants par leur récente naissance naturelle, jouant sur un plan horizontal au sein de la liberté, de l'égalité et de la fraternité, fruits et jouets de leur première naissance panthéiste, nous nous adressons maintenant à toi, ô homme adulte, faisant ton évolution dans la vie du type humain et gravissant l'échelle de l'inégalité, de l'autorité et de la similitude. Maintenant pour toi, en dehors de la famille, un autre homme n'est plus ton égal, tu le commandes ou tu lui obéis, il n'est plus ton frère, il est seulement ton semblable.

Car l'essence Divine est pleine d'inégalités, d'ascensions et de descentes, de pauvreté et de richesse; et le spectacle apparent de la nature panthéiste donne une faible idée de la variété vivante de la virtualité divine. Le type humain, image de Dieu, à l'intérieur de la virtualité divine, participe à cette variété et à cette mobilité. Ainsi tu peux concevoir l'échelle spirituelle, idéale, dressé à côté de l'échelle de la vie naturelle, sans s'y superposer. Sur celle-là, la seule qui nous occupe, où vas-tu te placer ? Car si tu évolutionnes dans le type humain naturel, tu évolutionnes aussi parallèlement dans le type surnaturel, sans qu'il y ait superposition. Il y a seulement réaction réciproque.

Mais, diras-tu, pourquoi deux échelles ; pourquoi deux mondes, l'un naturel, l'autre surnaturel ; pourquoi deux évolutions distinctes d'un même ét.e, correspondantes à ces deux mondes ? Parce que, à la fin de la période paradisiaque, s'est produit un événement fatal, révélé divinement par la Bible : la chute de la première famille humaine, son reniement par Dieu, et la cessation pour toute la nature de la communication de la grâce divine !

Mais voici des profondeurs du monde surnaturel, des Révélations panthéistes qui t'instruisent sur ton origine, ta situation et tes destinées, et te font concevoir l'espérance et l'ambition de tout réparer et de remonter à ton origine vraie, à Dieu.

Donc, ô homme, puisque tu es devenu panthéiste, par la foi en des révélations officielles, te voilà Dieu, par ton origine. Mais tout dans l'Univers étant Dieu, comme toi, la situation relative réciproque des êtres et des matières de la nature, est comme si rien n'était Dieu. Comme si la création avait été faite *ex nihilo*, ainsi que l'enseignent, au nom de la vérité pratique, les juifs et les chrétiens. Dans un régiment où tous les militaires seraient colonels, qui donc commanderait ? L'Egalité divine universelle supprime la qualité particulière. Comprends bien cela ô homme, la relativité et la réciprocité? Car la fierté logique et naturelle, que tu tirerais de la connaissance de ton origine merveilleuse, tu n'as personne, tu n'as pas d'objets matériels sur qui tu puisses légitimement la faire valoir. Peut-être même trouveras-tu maintenant, dans ton observation nouvelle de la nature, que tu as perdu quelque chose. En effet, tu es obligé d'abandonner le souverain dédain, que jusqu'ici tu professais pour les animaux, pour les substances et objets matériels, conséquence de ton éducation et de ton instruction privées de l'influence de la vérité panthéiste.

En revanche, tu bénéficies beaucoup. On n'égarera plus ton esprit dans des recherches ardues, variées, obscures, contradictoires, au milieu de systèmes douteux ou faux sur les origines du monde. Car de ces sources troublées, pourraient déborder des expositions morales, et des conduites de vie pratique, capables de t'éloigner de tes destinées éternelles, de te faire dévier, et de te faire prendre des voies tortueuses et mauvaises. La Foi divine t'a éclairé, elle t'a délivré.

Si tu connais les origines du monde, tu vas connaître maintenant la fin du monde. Remercie le panthéisme religieux de ce bienfait nouveau. Reste maintenant en sécurité sur les destinées du monde. Ne crains plus la destruction subite de l'Univers, comme on le proclame dans certaines régions du mysticisme secondaire; que les étoiles tombent du ciel et t'écrasent; que la terre disparaisse en poussière de néant sous tes pieds. Non, rien de tout ce fracas ne se prépare. L'Univers naturel est constitué par la substance divine éternelle, sa puissance d'exister n'est autre que celle de Dieu. Si la fin du monde, à la mode du christianisme, est absurde; le monde naturel a cependant, dans son ensemble, des destinées; et le progrès de la vérité révélée te les enseigne maintenant dans la transformation progressive du monde par la justice. Tu es appelé, toi en particulier, à y coopérer. Un des premiers principes directeurs de cette transformation est que, toutes les souffrances et tous les sacrifices, qu'a coûtés à Dieu l'organisation panthéiste du monde, soient intégralement remboursés, puisque les anges ont refuse ce paiement de justice, donnant seul droit à la jouissance. Il n'est permis dans l'avenir de jouir de la vie, qu'autant que Dieu en jouit aussi. C'est une loi imposée à tous les êtres vivants, sans distinction de races, et celui qui paiera le plus de souffrances justes, aura aussi le plus de jouissances, en union avec Dieu. Donc estime et aime la souffrance et le sacrifice, et donne-leur la direction de la justice divine par la patience. L'origine des êtres et des choses, étant commune et divine, l'isolement les uns des autres, dans lequel ils stationnent, doit cesser par la transformation finale.

A la suite du reniement paradisiaque, une révolte infernale des êtres et des choses s'est produite, qui a engendré des rivalités féroces naturelles secrètement emmagasinées partout, et qui ne demandent qu'à se satisfaire. La justice divine s'est réservée la direction de ce mouvement transformiste de réaction des êtres et des choses ; et l'échelle générale des êtres et des choses va être déroulée. Par ton corps et ton organisation, tu es lié aux êtres et aux choses; travaille donc à te procurer sur cette échelle générale un échelon élevé. Tu remarqueras aussi que cette conception panthéiste de tes destinées futures, est différente de celle du christianisme. Ici, la morale seule, et la fidélité de conscience et de client vis-à-vis du fondateur, sont les conditions du salut : avec le panthéisme religieux, tu conçois pour ton salut l'importance de la force physiologique, la vérité de la formule antique

« *mens sana in corpore sano* » et la nécessité de la souffrance et du sacrifice pour le maintien de ton type humain et royal dans l'indépendance des autres races d'êtres et des affinités d'appétit matériel des choses. Préserve-toi donc de cet asservissement et de ces rivalités panthéistes. La morale et la fidélité de la clientèle, bases du christianisme, mysticisme secondaire, passent au second plan. Le panthéisme religieux montre une voie nouvelle et supérieure, et il en décrira l'itinéraire.

Voilà donc, ô homme panthéiste religieux, un faisceau de véritables lumières divines, sur ton origine, et sur tes destinées. Mais, contemporain du XXe siècle, tu es né dans l'intervalle de ces deux immenses événements : la création panthéiste et la transformation finale panthéiste de l'Univers. Il est nécessaire que tu te rendes compte de ta situation relative.

Apprécie d'abord la valeur de ton origine divine avec une mesure nette et juste. Car médite et réfléchis aux innombrables transformations de ces premières hypostases du monde, devenues des émanations de Dieu même. Tu ne saurais les compter, pas plus que les milliers et les milliers d'années dépensées à les produire. Pendant tout ce temps, et au travers de tous ces travaux, c'est Dieu qui s'éloigne de lui-même et du monde. Pense que toutes sont basées sur des suicides et des morts divines, sur des reniements et des séparations, qui, en s'accumulant, finissent par se multiplier elles-mêmes, et alors tu commenceras à te rendre compte à quelle distance incommensurable nous avons été rejetés de Dieu, notre origine première adéquate, au sein de la vie physiologique.

N'oublie pas que ces éloignements réels ont des gardiens cruels et incorruptibles, comme les vautours et les tigres, et que toi-même tu es gardé par les anges et par le diable, surveillant attentivement les hypothèques formidables qu'ils ont sur ton être physiologique.

Rappelle toi donc que tu as été compris dans un terrible reniement divin général, qui s'ajoute aux autres, opéré à l'époque du paradis terrestre, au bénéfice des anges fidèles, qui a supprimé toutes les communications de la grâce divine, et t'a procuré une personnalité diabolique, ce qui exige, pour être réparé, des éléments pris à la lumière de la Foi Divine. Le mysticisme est nécessaire.

Dis-toi bien encore que chaque génération t'a éloigné du point de départ, que les évolutions de l'esprit et de la matière pour le passage d'une famille à celle qui suit, sont autant de fonctionnements des séparations antérieures, autant de séparations nouvelles. Suppute donc le nombre de tes ancêtres, et tu avanceras dans l'intelligence des distances, qui te séparent de ton origine divine. Alors tu admireras chez les Asiatiques panthéistes, le culte vénérable qu'ils rendent aux ancêtres. Ils ont conscience religieuse que les ancêtres sont plus voisins de Dieu qu'eux mêmes, et tu ne seras pas étonné que Jésus-Christ lui-même, rendant hommage secret au panthéisme, ait tenu à se faire inscrire dans les évangiles, deux séries de généalogies ancestrales, remontant jusqu'à Abraham, jusqu'à Adam et jusqu'à Dieu, premier auteur.

Au nom du panthéisme religieux, voilà donc tout expliqué : ton origine, tes destinées et ta situation actuelle.

Pourrait on maintenant taxer le panthéisme religieux de dangereux et le traiter en ennemi ? Pourrait-on l'accuser de rendre orgueilleux ou de tendre le piège de pratiques occultes et impures ? Il rayonne trop d'idéalisme supérieur, pour que ses victimes, par jugement de bon sens commun, n'aient pas à s'en prendre qu'à elles-mêmes. Peut-on émettre la thèse qu'il exclut par contradiction et antinomie les dévotions mystiques existantes ou même la philosophie rationaliste ? Le progrès ne saurait être confondu avec l'antinomie.

Le panthéiste juif sera-t-il exclu du judaïsme ? Non. Puisqu'il admet comme les autres juifs la vérité pratique de la création *ex nihilo*, et le repos divin. Le panthéiste chrétien fera les mêmes réponses. L'Asiatique panthéiste ne pourra que se réjouir d'un progrès divin de sa propre croyance. Le fataliste musulman trouvera dans la Révélation de la prépondérance de la substance divine indépendante et non employée à la création, l'explication du fatalisme, car cette substance pénètre tout. Enfin, quant au philosophe rationaliste, il sait bien que la raison a édifié un grand nombre de systèmes panthéistes. Que peuvent donc alors reprocher les non panthéistes à leurs coréligionnaires panthéistes, sinon d'être plus éclairés, plus documentés par des Révélations nouvelles. Celles-ci auront prouvé ainsi leur puissance déclarée d'englober toutes les dévotions antérieures et la philosophie, au nom d'un principe mystique supérieur. Jésus-Christ disait aux juifs : « *Je ne suis pas venu détruire la loi, mais l'accomplir* ». De même, à son imitation, le panthéisme religieux, en progrès sur l'ancien, dira à ses contradicteurs : je ne suis pas venu détruire le mysticisme antérieur, ni la philosophie, mais les englober dans l'unité.

Enfin, ô homme, surtout Français, mon compatriote, recueille déjà des fruits de cette apparition nouvelle et de cette germination de l'unité mystique supérieure. Puisqu'un lien existe entre toutes les doctrines sans les confondre, aucune d'elles ne peut plus prétendre à la possession intégrale de la vérité divine, ni au monopole du salut humain. Tu t'imagineras facilement qu'il y a un certain parallélisme entre les événements naturels politiques et sociaux, ceux que nous voyons, et les événements du monde surnaturel, ceux que nous ne voyons pas, et que l'inspiration seule peut nous faire entrevoir. Il y a une trop puissante unité dans ce grand tout si varié pour qu'il n'existe pas des liens mystérieux entre les deux domaines. L'établissement normal de la troisième République, après tant d'efforts politiques et sociaux, consacre l'exercice d'une plus grande liberté, de mœurs plus charitables, plus indulgentes envers tous et la chute de l'absolutisme; de même l'activité du monde spirituel, idéal et surnaturel a subi d'heureuses modifications. Pour les motifs exposés plus haut et d'origine révélée, les destinées immortelles des humains ne sont plus perdues et sacrifiées, parce qu'on quitte une foi religieuse légitime, pour en adopter une autre plus conforme à son tempérament ou aux conditions de son existence, même pour entrer dans la neutralité philosophique, définie plus haut. Les excommunications ne peuvent plus être sanctionnées que par une exclusion particulière. Il reste seulement un compte de justice à régler pour les bienfaits reçus, ou les dettes contractées. Naturellement, nous restons sur le terrain des opinions et n'entrons pas sur celui des crimes. Autrefois, s'exiler, renier sa patrie terrestre, entraînait la peine de mort; aujourd'hui, la naturalisation est pratiquée et reconnue indemne dans toutes les nations. Le libéralisme surnaturel a pris naissance parallèlement au libéralisme naturel, et a pu pénétrer chez toutes les anciennes doctrines, placées à un rang secondaire, et dépouillées du caractère d'universalité. Le principe mystique supérieur et unitaire reste intact, il s'est seulement dégagé et affirmé. Ce livre est un de ses instruments. Quels seront les adeptes du mysticisme en progrès? Trouveront-ils l'indépendance? Qu'ils travaillent à l'apparition fatale des lois divines supérieures, qu'ils s'attaquent au sphinx, et si leur coopération est couronnée de succès, ils se seront fixés pour l'éternité dans le type du lion divin.

Besançon, le 18 novembre 1906.

Comte ALEXANDRE DE SCEY-MONTBÉLIARD.

Table des Matières

LA SOLIDARITÉ, imprimerie coopérative. — Besançon.

www.ingramcontent.com/pod-product-compliance
Ingram Content Group UK Ltd.
Pitfield, Milton Keynes, MK11 3LW, UK
UKHW021620260726
13965UKWH00007B/1389

9 782012 835825